탈, 노후빈곤

지 금 이 라 도  늦 지  않 았 다

선데이마이니치 취재반 지음 | 한상덕 옮김

# 탈,
# 노후빈곤

21세기북스

**일러두기**

* 본 책은 《선데이마이니치》 편집부가 쓴 〈노후 빈곤〉(2014년 11월 9일호~연재중)을 중심으로 가필, 수정을 더해 편집한 것이다.
* 본문에 나오는 이름의 표기, 소속, 직급, 연령은 연재시점 기준이다. 단, 게재 후 최신 정보를 가필한 부분도 있다.

20년 후, 나는 70세를 바라보는 노인이 된다. 과연 웃으면서 살고 있을까…. 고령자를 취재할 때마다 그런 생각에 사로잡혔다. 요즘 나는 70대 후반인 부모님이 지금 내 나이였던 당시의 삶의 방식이나 사회 모습을 자주 생각하게 된다.

내가 철이 들 무렵, 어린 나이였지만 고도 경제 성장기였던 일본 사회의 분위기를 느낄 수 있었다. 당시로서는 드물게 맞벌이였던 우리 가정은 텔레비전이나 세탁기, 자가용에 이어 내 집마련의 꿈까지 차례대로 이루고 있었다.

"아이들은 어떻게 해서든 대학에 보내야지", "내 집 마련은 인생 최대의 꿈이다. 집이 있으면 노후가 편안하다…"라고 말하던 어머니의 목소리가 지금도 귀에 생생하다. 우리 집뿐만 아니라 동

급생 친구들의 가정도 같은 꿈을 쫓고 있었을 것이다. 해가 거듭될수록 아버지의 월급은 오르고 아이들은 '좋은 대학'을 나오면 '좋은 회사'에 취직할 수 있고, 노후에는 자식의 부양을 받으면서 연금으로 생활한다. 누구나 그러한 삶을 믿어 의심치 않았다.

하지만 어떻게 되었나? 버블경제와 '잃어버린 20년'을 거친 현재의 일본, 고령에 접어들면서 생활이 파탄한 사람들이 속출하고 있다.

생활보호(일본 헌법 제25조에 규정된 이념에 기초해 국가가 생활에 곤궁함을 겪고 있는 모든 국민들에게 최저한의 생활을 보장하고 자립할 수 있도록 도와주는 것-옮긴이) 수급자 수는 계속해서 과거 최다기록을 경신하고 있는데, 65세 이상이 그중 절반 가까이 차지하고 있다. 어느 통계에 따르면 혼자 살고 있는 고령 남성 3명 가운데 1명, 여성의 경우 2명 가운데 1명은 빈곤 상태에 처해 있다고 한다. 이런 사회가 오리라고 도대체 그 누가 예측할 수 있었겠는가.

이런 사태를 불러온 배경으로는 수명이 늘어난 것과 동시에 단신화(單身化, 배우자가 먼저 세상을 떠났거나 결혼을 하지 않고 혼자 사는 경우. 특히 미혼율이 높아지는 이유로는 비정규직 증가에 따른 경제적 문제나 정규직이라도 일에 쫓겨 결혼할 기회를 잡지 못하는 사회적 문제가 존재한다-옮긴이)가 진행된 결과로 볼 수 있겠다.

전후(戰後) 세대가 태어난 1947년 당시 남성의 평균수명은 50.06세, 여성은 53.96세였다. 그러던 것이 지금은 남성이 80.50

세, 여성은 86.83세(2014년)로 30년이나 늘어났다. 한편 출생률은 4.54명(1974년)이었던 것이 1.42명(2014년)으로 줄었으며, 한 가구당 가족 수도 2.49명(2014년)으로 반감했다.

고령자만 있는 가구는 계속해서 늘고 있으며 게다가 최근 몇 년 동안 고령의 부모와 미혼의 나이 든 자식으로 이루어진 '고령 부모자식' 세대가 눈에 띄고 있다. 이 책에서도 소개하겠지만 낮은 연금이나 낮은 수입으로 부모와 자식이 함께 생활하게 되면서, 나이를 먹으면 먹을수록 극도로 곤궁한 상태에 빠지는 가정이 기하급수적으로 늘고 있다.

다시 개인적인 이야기를 하자면 나의 어머니는 70대 전반에 치매에 걸렸다. 허무맹랑한 이야기를 계속 반복하는데다 매일 이곳저곳 배회하는 어머니에게 휘둘리다보니 가족들의 생활은 하루하루 피폐해졌다. 노부모를 돌보다 살인까지 저지른 사건이 결코 남의 일처럼 느껴지지 않았다.

평소 지병을 앓고 있던 아버지도 사정이 생겨 월세생활을 하게 되었다. 부모님이 받는 연금만 가지고는 월세까지 감당할 수 없었기 때문에 내 수입에서 충당해야만 했다. 나는 정규직 사원인데다 맞벌이를 하고 있으니 그나마 다행이라고 생각한다. 하지만 지금 만약 나에게 몸이 아파 회사를 그만두거나 위급한 일이 생긴다면 어떻게 될까.

앞으로 언제까지 계속 부모님을 돌봐야 할지도 알 수 없는 일

**7**

이다. 그리고 부모님을 돌보는 일이 끝나고 내가 치매에 걸리면 자식도 없는 나는 어떻게 생활해야 할까. 앞일을 생각하면 불안하기 그지없다.

나이가 들어서인지 동료들과 빈곤이나 노후 대책 이야기를 더 자주 하게 됐지만 언제나 결론은 제자리를 맴돈다.

"생각해봤자 뾰족한 수가 없으니 아예 생각을 하지 말아야지."

"될 대로 되라는 식으로 생각해야지 뭐."

한편으로 후배들은 "대부분이 정규사원으로 일할 수 있었던 시대의 사람은 아직 괜찮은 것 아니냐. 선배들이 당연하게 누릴 수 있었던 것들이 지금의 우리에게는 전혀 해당되지 않는다"고 말한다.

나이 든 사람도 젊은 사람도 모두 노후 불안을 언제 폭발할지 모를 마그마처럼 떠안고 있다. 고령자의 빈곤을 수치로 표시하면 어떻게 될까. 나에게도 곧 닥치게 될 미래를 위해 지금 어떤 일이 일어나고 있는지 현실을 직시하자. 거기서부터 취재가 시작되었다.

많은 현장을 다녔다. 이 나라의 경기가 침체되고 가진 사람에게만 치우친 규제완화나 글로벌리즘에 매진해온 최근 20년 정책의 '총결산'과도 같은 광경을 목격할 수 있었다.

_도고 노리코(藤後野里子)

● 일본

## 연금의 종류

① 근로자 기준

1층 국민연금(노령기초연금): 20~59세 모든 국민 가입

2층 후생연금(소득비례연금)

후생연금 가입 대상: 5인 이상 사업장 근로자

3층 후생연금 기금: 후생연금 보험료의 일부를 국가를 대신해 기업이 운용, 지급하는 기업연금제도이다.

② 자영업자 기준

1층 국민연금(기초연금): 20~59세 모든 국민 가입

2층 국민연금 기금: 자영업자 등 국민연금 1호 피보험자의 노후 소득보장을 위해 마련한 제도로, 세금 우대 등 다양한 혜택이 제공하고 있어 일반 개인 연금에 비해 매우 유리한 공적 연금 제도

## 보험료율

국민연금: 월 16,260엔(2016년 기준)

후생연금: 급여의 18.182%, 노사가 1/2씩 부담(가입하는 후생연금기금이나 그 외 조건에 따라 다름, 2017년까지 18.3%로 단계적 인상)

## 수급개시 및 요건

국민연금: 25년(300개월 이상)납부 필요, 65세 지급 개시 가능(납부 기간 등에 따라 수급 금액이 다름)

후생연금: 국민연금 25년(300개월 이상), 65세 지급 개시 가능

그 외의 보험으로는 국민건강보험, 국민개호보험(40세 이상을 대상으로 노후 개호를 위해 가입함)이 있음

내용 출처: 일본연금기구(www.nenkin.go.jp)

● 한국

**국민연금(노령기초연금)의 가입자 종류**

지역 가입자: 도시 자영업자와 농어민의 신분으로 국민연금제도에 가입한 사람

사업장 가입자: 직장을 통해 제도에 가입한 사람

그 외에도 임의 가입자, 임의 계속 가입자 등이 있음

**보험료율**

지역 가입자: 기준소득월액의 9%(소득의 상한은 434만원, 2016년 기준)

사업자 가입자: 급여의 9%, 노사가 1/2씩 부담

**수급개시 및 요건**

가입기간이 10년이 넘고, 60세에 이르렀으며 소득이 있는 업무에 종사하지 않
는 사람에게 지급

노령연금 수급사유발생일 : 1953~1956년생 61세, 1957~1960년생 62세, 1961~1964년생
63세, 1965~1968년생 64세, 1969년생 이후 65세 생일

내용 출처: 국민연금공단(www.nps.or.kr)

# 차례

# 제1장

## 고령자의 빈곤한 삶은
## 남의 일이 아니다

# *연금만으로는 살아갈 수 없다*
## *급증하는 노인 노동자들*

**연중무휴의 80세**

**"새벽 4시 기상", "일하다가 죽고 싶다"**

삶의 보람을 찾기 위해 일생동안 은퇴하지 않고 일하기를 원하는 고령자들이 있다. 한편으로는 연금만 가지고 먹고 살 수 없어 일을 해야만 하는 70~80대가 늘고 있다. 무(無)연금이나 저(低)연금, 여기에 급증하는 홀로살이가 노후를 안심할 수 없게 만들고 있다.

　아직 동이 트지도 않은 어두운 새벽 6시쯤부터 도심의 빌딩에서 묵묵히 밀차를 미는 고령의 남성을 만났다. 그가 일하는 모습이 계속 눈에 밟혔다. 77세인 필자의 아버지보다도 더 연로해

보였는데, 무거운 짐을 밀차에 올려놓고 운반하고 있었다. 일에 방해가 되지 않도록 조심스럽게 말을 거니 남성은 싱긋 웃으면서 대답했다. "나이요? 올해로 80이 됐습니다(웃음). 연금만 가지고는 먹고 살수 없으니 이 나이에도 일하고 있지요."

남성의 이름은 아키모토 다이치(가명). 매일 새벽 4시에 일어나 도쿄 기타센쥬에 있는 집에서부터 트럭을 운전해 일터까지 온다. 오전 10시까지는 계속 폐지를 주워 트럭의 짐받이에 쌓는다. 폐지를 도매상에 넘기고 집으로 돌아와 점심을 먹은 뒤 잠시 선잠을 잔다. 오후에는 근처의 가게들을 돌아다니며 오후 8시까지 골판지 박스를 모은다고 한다. 1년 365일 계속 반복하고 있는 일이다.

"젊어서부터 계속해온 일이니 몸에 익숙하지요. 벌써 40~50년 한 셈인데 무릎을 많이 쓰는 탓에 걸으면 시큰시큰 아프지만 이제는 요령이 생겼습니다. 몸을 앞으로 숙여 밀차에 몸을 맡기면 자연스럽게 앞으로 나아가니 편하고 좋습니다. 국민연금을 받고 있는데 제대로 들어놓지 않았더니 아주 조금밖에는 못 받아요. 개호 보험료(介護保險料, 노인요양을 위한 일본의 간병보험-편집자)하고, 후기 고령자 의료 보험료(75세 이상의 사람이 가입할 수 있는 독립된 의료제도. 병석에 누워 있을 경우는 65세부터 가입할 수 있다-옮긴이)를 연금에서 제하고 나면 1만 엔 정도밖에 안 남습니다. 거기에 또 수도세와 전기세, 식비 같은 생활비를 쓰면 거의 남는 게 없습니다.”

이른 아침부터 밤까지 일해야 한 달 수입은 2만 2000~3만 엔인데, 땅을 임대해 집을 지었기 때문에 3개월마다 5만 엔 정도의 임대료를 낸다. 지금은 집안일을 도와주는 40대 아들과 함께 산다. 부인은 50대에 뇌출혈로 사망했다고 한다.

“아들 녀석이 고기나 생선으로 맛있는 요리를 해줍니다. 외식이요? 그런 건 해본 적 없죠.”

삶의 즐거움이라고는 밤에 마시는 한 잔 술. 따뜻하게 데운 술 두 잔으로 피로를 달래고 이불 속으로 들어간다. 집에는 목욕탕이 없고 주 3일 정도 공중목욕탕에서 몸을 푼다. 도쿄의 공중목욕탕 요금은 460엔이다. “비싸지 않습니까?”하고 물으니 한 달에 3번 70세 이상의 구민을 대상으로 노인용 할인권을 나눠줘 110엔에 이용할 수 있다며 웃는다.

아키타 현 요코테 시의 농가에서 태어난 아키모토 씨는 20살이 넘어서 도쿄로 왔다. 도쿄타워가 상징이었던 1950년대 후반, 일본이 고도성장기를 달리고 있던 무렵이었다.

“방앗간에서 견습 사원으로 시작해 일만 하고 살다보니 유행도 모르고 놀아보지도 못했죠.”

민요를 듣는 것이 취미인 그는 아키타 현의 민요인 폴베기 타령을 들으면 고향생각이 나 마음이 따뜻해진다고 한다. 필자가 말을 걸고 있는 사이에도 잠시도 손을 쉬지 않는다. “일밖에는 할 줄 아는 것이 없으니…"라며 아키모토 씨는 입버릇처럼 계속 이야기한다. 평생 일만 하면서 성실하게 살아온 그에게서 진실한 삶의 태도가 느껴진다.

'평생 현역'이라고 하면 듣기에는 좋겠지만 80세 나이에 쉬지도 못하고 일하다보면 괴로운 일도 많을 것이다. 불안하지는 않을까.

"역시 병에 걸리면 어쩌나 싶어 두렵습니다. 지금이야 건강하지만 병원에 안 가봤으니 알 수 없는 일이죠. 언제까지 이 일을 할 수 있을지… 불안한 마음이 들지만 어쩔 수 없는 일입니다. 일하는 것이 건강을 유지하는 방법이라고 생각하려고 합니다. 아침에 일어나면 아아, 이렇게 오늘도 하루를 시작하는구나 생각합니다. 이불 속에서 죽고 싶지는 않거든요. 일하다가 죽는 것이 소원입니다."

트럭 짐칸에 걸터앉아 맛있게 담배를 피우는 아키모토 씨에게 연금에 대해 물어보았다.

"그야 더 많이 받으면 편하고 좋겠지만 보험료를 많이 내지 않아 금액이 적습니다. 내 탓이니 어쩔 수 없는 것 아니겠소. 젊었을 때는 연금 같은 건 생각도 안 했거든요. 연금만 가지고는 먹고 살 수 없으니 일할 수밖에 없죠."

고령자의 빈곤 문제를 취재할 때마다 내 탓이라는 말을 여러 번 들었다. 하지만 누구나 안정적인 정사원으로 고용돼 착실히 보험에 가입하고, 후생연금(後生年金, 근로자를 위해 기업이 가입해야 하는 4가지 의무보험 중 하나로, 노후·사망·장해에 대한 지급을 위한 보험-편집자)을 받을 수 있는 것도 아니잖은가. 매상이 줄어드는 탓에 국민연금 보험료(일본에 주소를 가지는 20세 이상 60세 미만의 사람 중 후생연금보험 등에 가입하지 않은 경우 국민연금에 가입해야 한다-편집자)를 매월 납부할 수 없었던 자영업자도 있을 것이다. 그러다보니 나이는 먹고 몸은 약해졌는데도 일하지 않을 수 없는 상황에 내몰린 것이다. 이것을 과연 '내 탓'이라고 할 수 있을까.

## 가족이 함께 사는 것을 전제로 만든
## 지금의 제도는 시대에 뒤처졌다

도쿄 이다바시에 있는 취업지원시설인 '도쿄 직업 센터'. 55세 이상의 고령자를 위한 취업 상담코너에서 백발이 듬성듬성한 남성들이 구인파일을 제출하고 있다.

"최근 2, 3년 사이 65세 이상 구직자 비율이 조금씩 늘고 있습니다. 생활비 때문인지 삶의 보람을 추구해서인지 구직 이유를 자세히 물어보지는 않기 때문에 확실히 알 수는 없지만, 어쨌든 일하고 싶어 하는 노년층이 늘고 있으며, 그 연령층도 조금씩 높아지고 있습니다." (직업센터과 곤도 도요히사 과장)

65세 이상의 신규 등록자 비율은 2012년 24%, 2013년 27%, 2014년은 상반기에만 벌써 28%라고 한다. 하지만 고령자 코너의 신규 등록자 수에 비해 실제 취업자 수는 20% 정도에 머물고 있다.

"많은 구직자들이 은퇴 전 종사했던 직업의 경험을 살려 사무직을 원하는 경우가 많지만 65세 이상의 고령자를 찾는 구인처는 대부분 경비나 맨션 관리, 청소, 도우미(병석에 누워 있는 고령자의 생활을 돕는 사람, 우리나라의 간병인에 해당-옮긴이) 같은 직종들입니다."

직업 센터의 도움을 받아 취업한 고령자 보수의 평균금액은 시급 1000엔 전후, 일급으로 8000엔 정도라고 한다. 정년까지 회사를 다니다 퇴직한 뒤 가족들과 함께 연금으로 유유자적 하며 사는 것은 이미 옛 이야기가 되어버렸다. 고령 노동자의 취업 배경에는 일하지 않으면 먹고 살기 어려운 환경, 즉 연금이 너무 적다는 것에 있다.

고령자의 약 70%가 연금을 주요 수입원으로 하며 생계를 이어가고 있다(2012년 국민 생활 기초 조사). 그럼에도 불구하고 연금 수령자의 절반 가까이가 월 10만 엔 미만의 금액을 받고 있다. 기초연금(국민연금)만 받고 있는 사람은 1069만 명 정도로 이들이 받는 금액은 월 평균 5만 엔, 그중 3만~4만 엔을 받고 있는 사람들이 제일 많다(2013년 국민 연금사업 조사). 월세는커녕 식비에도 빠듯한 액수다.

가족의 형태도 크게 변했다. 혼자 사는 고령자와 노부부만 사는 세대를 합치면 전체 세대의 54.2%로, 가족과 함께 사는 것을 전제로 한 시대에 만들어진 지금의 연금제도는 시대에 뒤떨어져 있다. 생활보호수급 세대의 절반 가까이(49%)가 고령자 세대인 현실이 암담하기만하다.

## '살기 위해서' 국민연금과 생활보호 동시 수급

국민연금만으로는 생활할 수 없어 국민연금과 생활보호를 동시에 받는 사람도 증가하고 있다. 요코하마에 사는 나카무라 다다시 씨(82세, 가명)를 방문했다. 연금은 한 달에 5만 엔 정도를 받고 있는데 목욕탕도 없는 3만 엔짜리 아파트에 혼자 살고 있다. 부인과는 16년 전에 사별했다. 집에는 죽은 부인의 사진이 걸려 있었고, 물건을 잘 버리지 못하는 성격이어서인지 밥상 주변에는 이불이나 의류가 산더미처럼 쌓여 있다. 젊은 시절에는 수도공사 등으로 일하면서 생계를 꾸려갔던 나카무라 씨. 어찌어찌해서 힘들게 연금 보험료를 납부해왔지만 만기 금액을 채우지는 못했다.

"75세가 될 때까지 일을 했는데 나이를 먹으면서 몸이 말을 듣지 않게 되고, 일 시키는 사람도 나이든 사람을 쓰는 것을 꺼

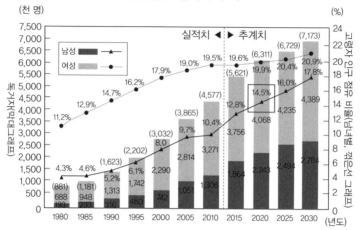

**독거생활 고령자 수 추이**

(천 명)　　　　　　　　　　　　　　　　　　　　　　　　　(%)

실적치 ◀ ▶ 추계치

남성 / 여성

| 년도 | 남성 | 여성 | 합계 | 비율 |
|---|---|---|---|---|
| 1980 | 193 | 688 | (881) | 4.3% |
| 1985 | 233 | 948 | (1,181) | 4.6% |
| 1990 | 310 | 1,313 | (1,623) | 5.2% |
| 1995 | 460 | 1,742 | (2,202) | 6.1% |
| 2000 | 742 | 2,290 | (3,032) | 8.0% |
| 2005 | 1,051 | 2,814 | (3,865) | 9.7% |
| 2010 | 1,306 | 3,271 | (4,577) | 10.4% |
| 2015 | 1,864 | 3,756 | (5,621) | 12.8% |
| 2020 | 2,243 | 4,068 | (6,311) | 14.5% |
| 2025 | 2,494 | 4,235 | (6,729) | 16.0% |
| 2030 | 2,784 | 4,389 | (7,173) | 17.8% |

(고령자 인구 점유 비율(남녀별, 꺾은선 그래프))

11.2% 12.9% 14.7% 16.2% 17.9% 19.0% 19.5% 19.6% 19.9% 20.4% 20.9%

출처: 2010년까지는 총무성 '국세조사', 2015년 이후는 국립사회보장·인구문제연구소 '일본 세대 수 장래추계'(2013년 1월 추계), '일본 장래추계 인구'(2012년 1월 추계)

(주1) '독거생활'이란 상기 조사·추계에서 '단독세대'를 뜻한다
(주2) 막대그래프 위에 표시된 ( )안에는 65세 이상 독거노인의 남녀 합계
(주3) 수치는 반올림으로 합계는 반드시 일치하지 않는다

리면서 일거리가 없어졌습니다."

연금은 식비로만 써도 다 사라진다. 보통은 절약을 해야 해서 형광등도 끄고 캄캄한 채로 생활한다고 하는데 "따뜻하니까 편히 앉으시죠"라며 필자를 위해 전기장판까지 켜두고 있었다. 밤이면 어머니처럼 생각하며 꼭 품에 안고 잔다는 유탄보(용기에 따뜻한 물을 채워 담요 안에 넣어 사용한다-옮긴이)가 바닥에 뒹굴고 있다. 월 2만 엔 정도에서 수도세와 전기세, 식비까지 충당하는 것은 매우 어려운 일일 것이다.

"밥은 네 그릇으로 나흘을 버팁니다. 반찬은 절인 것 위주로 먹어요. 무, 당근, 우엉을 넣고 된장을 풀어서 먹지요. 그게 반찬입니다. 가끔은 튀김을 해먹고요. 양파, 우엉, 당근, 새우… 새우는 잔새우를 쓰죠, 가키아게(잘게 썬 재료를 사용한 튀김-옮긴이) 말입니다."

나카무라 씨는 힘이 닿는 한 생활보호를 받지 않고 싶다며 몇 푼 안 되는 저금을 헐어서 국민연금만으로 지내왔다. 하지만 2년 전 생활보호를 신청했다. 월세를 내기위해 주택보조금을 받는 것이다. "어떻게 해서든 생활보호는 받고 싶지 않았다"며 고개를 떨궜지만 살기 위해 행사해야 할 권리라는 주변 사람들의 설득을 받아들였다고 한다.

"딸아이에게 사정이 이러이러하니 신청하겠다고 전화했다가 '참지 않아도 된다'는 대답을 듣고 생활보호를 받기로 결심했습니다."

대부분의 여러 고령자들처럼 나카무라 씨에게도 생활보호를 받는 일이 부끄럽고 떳떳하지 못하다는 생각이 뿌리 깊이 박혀 있어, 이렇게 생활보호를 받는 자신의 모습을 받아들이기 어려운 것 같아 보였다. 지금도 살아가기 힘들 정도인 적은 연금액이 앞으로 점점 줄어들게 되는데다 의료와 간병에 써야하는 금액은 증가한다. 나카무라 씨가 말했다.

"후기 고령자 의료 보험료와 개호 보험료는 오릅니다. 소비

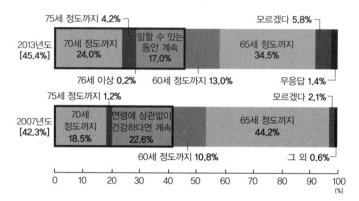

## 고령자의 취업희망 연령에 대해

2013년도 [45.4%]
- 75세 정도까지 4.2%
- 70세 정도까지 24.0%
- 일할 수 있는 동안 계속 17.0%
- 76세 이상 0.2%
- 60세 정도까지 13.0%
- 65세 정도까지 34.5%
- 모르겠다 5.8%
- 무응답 1.4%

2007년도 [42.3%]
- 75세 정도까지 1.2%
- 70세 정도까지 18.5%
- 연령에 상관없이 건강하다면 계속 22.6%
- 60세 정도까지 10.8%
- 65세 정도까지 44.2%
- 그 외 0.6%
- 모르겠다 2.1%

0 10 20 30 40 50 60 70 80 90 100
(%)

(주1) 내각부 '2007년 중고년자의 고령기 준비에 관한 조사'(n=3,140), '2013년도 고령기를 맞이한 '준비'에 관한 의식조사'(n=1,066)에 따라 작성

(주2) 2007년도 조사 대상자는 55~64세, 2013년도 조사 대상자는 35~64세였기 때문에 2013년도 수치는 연령구분별 결과에서 55~64세 수치를 산출했다

(주3) 2007년도 조사는 '일반적으로 몇 살 정도까지 수입을 얻을 수 있는 일을 하는 것이 좋다고 생각하는가'를 물은 것. 2013년도 조사는 '현재 일하고 있는지 여부와 상관없이 60세 이후에 수입을 얻을 수 있는 일을 하고 싶은가'를 물은 것

(주4) [ ]는 65세를 넘어서도 일하고 싶다고 대답한 사람의 비율

세도 폐지된 게 아니라 미뤄진 것뿐이고, 물가도 오르니 나이든 사람은 죽으라는 말이나 마찬가지죠."

2017년 4월, 소비세가 10%로 올랐을 때 저소득자에게 3만 엔 정도의 급부금(給付金, 긴급 경제 대책의 일시적인 방편으로 2009년 3월 4일에 시행된 급부형식의 정액 감세 정책-옮긴이)을 나눠주기로 결정했다. 2016년 참의원 선거를 겨냥한 선심성 뿌리기 정책이라는 비판을 면할 수 없었다. 게다가 한 번 지급하는 것으로는 생활에 보탬이 되지 않는다는 의견이 많다.

"지금의 젊은이들은 더 힘들어질 겁니다."

취재에 응해준 고령자들은 모두 입을 모아 말한다. 비정규직이 확대되고 있는 가운데 한 달에 약 1만 5000엔 씩이나 하는 보험료를 낼 수 없을 테니 앞으로 연금을 받지 못하거나 적게 받는 사례가 넘쳐나게 된다는 것이다. 기업이 어려움을 벗어나기 위해 자기 사정에 맞춰 외상처럼 젊은이들을 함부로 부려온 결과가 사회전체로 되돌아온다는 것이다.

_도고 노리코(藤後野里子)

## *지금부터라도 늦지 않았다*
――――――― *한 푼이라도 더 많은 연금을 받으려면*

### 조금이라도 안심할 수 있도록

현실적으로 풍족한 노후를 보내기에 충분하다고 할 수 없는 연금. 받을 수 있는 것은 확실히 받고 조금이라도 늘릴 수 있다면 늘려보자. 사회보험 노무사로 최근 《알아두면 득이 되는! 연금을 둘러싼 의문 71》(슈에이샤 출판) 등을 집필한 이도 미에 씨에게 한 푼이라도 더 확실히 연금을 늘릴 수 있는 기술에 대해 들어보았다.

## 미가입 · 미납기간을 보완해주는 임의가입

국민연금은 20세부터 60세까지 40년 동안 가입하여 납입금을 다 채우면 연간 78만 엔을 수령할 수 있다. 하지만 어떤 사정에서든 25년 이상 가입하지 않으면 한 푼도 받을 수 없다. (2017년 4월부터 그 기간을 10년으로 단축할 예정)

그밖에도 미가입기간이나 보험료의 미납기간이 있으면 그에 따라 연금액도 줄어들게 되는데, 그렇다고 해도 이를 채워줄 방법은 있다. 국민연금에는 임의가입제도가 있어 본인의 신청으로 60세부터 5년간 추가로 보험료를 납입하면 65세부터 받을 수 있는 기초연금이 늘어나게 된다.

임의가입제도는 60세 이후에도 은퇴 전과 마찬가지로 보험료를 납입해 받을 수 있는 연금액을 늘릴 수 있게 해 준다. 한 달에 1만 5000엔 정도의 보험료를 1년간 납부하면(연간 약 18만 엔), 65세부터 수령할 기초연금 금액이 연간 2만 엔씩 늘어나게 된다. 85세까지 산다면 약 40만 엔이 늘어나게 되는 것이다.

## 5년 전까지의 미납분을 납부할 수 있다

보험료를 납입하지 않은 기간이 있으면 수령 요건을 채우지 못해 연금을 받지 못하거나 적은 금액밖에 수령할 수 없게 되고 만다. 이런 문제를 해결하기 위한 대책이 후납(後納)이다.

과거 10년까지 미납한 금액을 납부할 수 있는 임시조처는 2015년 9월 30일에 종료됐지만 같은 해 10월부터 2018년 9월 30일까지는 5년 전까지의 기간 동안 미납한 보험료를 납부할 수 있는 '5년 후납제도'가 생겼다. 장래에 받을 수 있는 연금을 늘릴 수 있으니 반드시 이용하도록 하자.

## 국민연금 보험료에 '할인'이 있을까

2014년 4월부터 2년 분의 보험료를 계좌이체로 한꺼번에 내는 '2년 전납(前納)'이 가능해졌다. 또한 2년 전납을 이용하면 할인을 받을 수 있다. 2015년에서 2016년에 걸쳐 보험료를 매월 납부했을 경우의 2년 분의 합계액인 38만 2000엔보다 1만 5000엔 정도를 할인받을 수 있어 약 1개월 분 이득을 얻을 수 있다. 2년 전납은 매년 2월 말까지 계좌이체를 신청해야 한다.

## 연금 수령 '미루기'로 한 달에 0.7% 증액

후생노동성이 발표한 2014년 간이 생명표에 따르면 일본인의 평균수명은 남성이 80.5세, 여성이 86.8세였다. 이도 씨는 오래 살 것에 대비해 연금 수령을 늦추는 것도 고려해볼 만하다고 말한다.

공적연금은 65세부터 수령하는 것이 원칙이지만 그것을 앞당기거나 미룰 수 있는 제도가 마련되어 있다. 앞당긴다면 본인이 원하는 경우 60~64세부터 시작하는 것이 가능하지만 일찍부터 연금을 받을 수 있는 대신 지급액이 줄어든다. 1개월에 0.5%씩 줄어들게 되니 60세부터 받으면 그 총액을 따졌을 때 만액(滿額)보다 30%가 줄어든다.

반대로 연금을 받는 시기를 미루면 66세부터 70세 사이의 희망하는 시기부터 받을 수 있는데, 지급액은 늘어나게 된다. 이 경우 1개월에 0.7%씩 늘어나 연간 8.4% 증액, 68세부터 받기 시작하면 65세부터 받는 것보다 25% 늘어나고, 70세부터 받기 시작하면 42% 늘어난다.

단, 연금 수령을 미룬다고 해도 그 전에 본인이 죽어버린다면 본전도 못 건지게 될 수 있다. 합계 금액을 따져보면 66세로 미룬 경우 77세를 넘겨 장수했을 때 득이 된다는 계산이 나온다. 즉, 손익 분기는 77세가 되니 오래 살 자신이 있는 사람이라면 검토해도 좋을 것이다.

**세금공제도 충분히 활용하자**

또 이도 씨는 개인적인 의견이라며 다음과 같은 제안을 했다.

부부의 경우 남편은 65세부터 연금을 받고, 여유가 있다면 부인은 66세 이후로 연금 수령 시기를 늦추는 것이다. 여성이 남성보다 오래 살 확률이 높으니 남편이 먼저 죽을 경우 수입이 감소하게 된다. 부부가 함께 사는 경우라면 남편의 연금은 그대로 받고 부인의 연금 받는 시기를 뒤로 미루는 것도 고려해볼 수 있을 것이다.

## 부인도 일을 해 후생연금에 가입한다

2016년 10월부터 사회보험 적용 대상이 확대된다. 현재는 1주일에 30시간 이상 일하지 않으면 후생연금에 가입할 수 없지만, 주 20시간 이상, 월 수입은 8만 8000엔 이상 등으로 조건이 변해 가입하기 쉬워졌다. 사업주도 보험료를 내기 때문에 연금 수령액은 늘어난다.

이도 씨는 "남편의 부양에서 제외될 것을 걱정해 수입을 103만 엔 이하(배우자 공제 축소·폐지 기준 금액)나 130만 엔 이하(보험료를 지불하는 연 수입 기준을 낮추기 위함)에 맞춰 제한적으로 일하고 있는 분들도 있습니다. 보험료가 늘어나면 확실히 가계에는 부담이 되겠지만 눈앞의 어려움보다 장기적인 안목으로 생각하면 부인도 사회보험을 취득하는 것이 더 나을 것이라 생각됩니다"라고 말한다.

## 자영업이나 프리랜서는 연금을 '2층' 구조로 쌓아올리자

국민연금은 만기가 되도 월 6만 6000엔 정도를 받을 수 있다. 때문에 후생연금이나 기업연금 같은 것을 추가로 받을 수 없는 자영업자(제1호 피보험자)가 장래의 연금 수령액을 늘리는 방법으로 임의로 가입할 수 있는 '국민연금 기금(국민연금법 규정에 따른 공적인 연금으로, 자영업자 등 국민연금 1호 피보험자의 노후 소득보장을 위해 마련한 제도-옮긴이)', '개인형 확정갹출연금(연금을 받기 위해 보험료에서 비용을 갹출하는 제도, 매월 급여의 일정비율을 퇴직연금 보험료로 갹출해 적립하는 것. 근로자가 취급금융기관을 선택하여 정년퇴직 시까지 적립하므로 연금액은 투자수익률에 따라 달라진다.-옮긴이)' 등이 있다.

국민연금 기금은 후생연금처럼 2층(회사에 근무하는 사람이 가입하는 연금은 국민연금과 후생연금이다-옮긴이)에 해당하는 것으로 장래 확정된 연금 금액이 지불되며 지불한 보험료는 전액 소득공제 된다.

이에 비해 금융상품을 운용하는 것이 개인형 확정갹출연금이다. 지불한 금액은 전액 소득공제 대상이 되며 운용이익은 비과세이다. 받을 때도 한꺼번에 받으면 퇴직 소득 공제 대상이 되는 등 세금에서 큰 우대를 받을 수 있다. 부은 돈이 같더라도 운용하는 상품의 실적에 따라 장래에 받을 연금이나 일시금이 바뀌게 된다. 자기가 가진 여유에 따라 상품을 고르겠지만 투자를 두려워하는 초보자라면 정기예금 같은 것을 선택할 수도 있다.

후생노동성은 개인형 확정갹출연금 대상을 늘리기 위해 제도의 내용을 고치고 있다. 전업주부나 공무원 등도 가입할 수 있게 하는 확정갹출연금법 등의 일부 내용을 개정하는 법률안은 계속 심의 중이다(2015년 말 시점).

## 2년 만에 원금을 찾을 수 있는 부가연금

부가연금은 국민연금 1호 피보험자(자영업자 등)만 사용할 수 있다. 통상의 보험료에 월 400엔의 부가 보험료를 더 내면, 65세 이후 기초연금과 더불어 '200엔×부가연금을 납부한 개월 수' 만큼 연금을 받을 수 있다

예를 들면 20세부터 60세까지 국민연금과 부가연금에 가입했다고 하면 40년(480개월)×400엔으로 부가 보험료는 합계 19만 2000엔이 된다. 이에 비해 받을 수 있는 부가연금은 40년(480개월)×200엔으로 9만 6000엔이다. 즉, 65세부터 국민연금을 받기 시작해 단 2년 만에 원금을 찾을 수 있는 것이다. 국민연금 제1호 피보험자와 65세 미만의 임의가입 피보험자를 위한 방법이다. 국민연금 기금과 동시에 가입하는 것은 불가능하다.

_도고 노리코(藤後野里子)

# *이름뿐인 국민건강보험이*
## _____ *죽음을 부른다*

## 국민건강보험은 정말 우리의 생명을 보호할까

보험증 한 장으로 언제 어떤 의료기관에서든 진료를 받을 수 있게 하는 것이, 일본이 자랑하는 국민건강보험(모든 국민이 원칙적으로 공적 의료보험에 가입하는 제도로, 의료비 부담을 줄여서 국민들에게 의료 서비스를 받을 기회를 평등하게 보장하기 위한 것-옮긴이)제도였다. 그러나 현재 국민건강 보험료를 낼 수 없어 병원에 가는 것을 포기하거나 치료비가 걱정돼 진료받는 것을 참다가 죽어가는 참담한 사태가 벌어지고 있다.

"1억 인구가 모두 활약할 수 있는 시대를 열겠습니다."

아베 총리가 2016년 1월 4일의 신년 기자회견에서 당당하게 선언한 말이다. 이 말에 공감한 국민이 얼마나 될까. 히라타 마사시 씨(77세, 가명)는 정월 초에 예약해둔 병원에 가지 않았다. 올 한해는 절약하자고 마음먹었기 때문이다. 당뇨병 지표인 헤모그로빈 A1c(HbA1c)가 11%를 넘어 4년 전 당뇨병 치료를 시작했다. 아침, 점심, 저녁 식사 전에 혼자서 인슐린을 주사하고 있다. 연금은 월 10만 엔 남짓이지만 월세 4만 엔과 수도세, 전기세를 내고 나면 식비는 하루 800엔 이내에서 꾸려 나가야 한다.

"연금생활을 시작한 후에 당뇨병에 걸리면 정말 힘들어요. 주사도 끊고 싶지만 그랬다가는 눈이 실명되거나 다리를 절단해야 할지도 모른다고 의사가 겁을 줘서… 식비까지 아껴가며 생활하는 정말 비참한 노인이 되고 말았습니다."

경제적 곤란 때문에 치료를 중단하는 사람도 적지 않다. 매일매일 건강하게 살아갈 수 있었으면 하는 사소한 바람도 이룰 수 없는 국민 생활과 "1억 인구가 모두 활약할 수 있게 만들겠다"고 말하는 정부 간의 생각 차이. 이것이 지금의 일본의 현실이다.

2014년 여름, 관동지방의 60대의 여성이 췌장암으로 사망했다. 이 여성은 4만 엔짜리 아파트에서 30대 장남과 둘이 살고 있었다. 여성의 수입은 월 3만 엔짜리 국민연금뿐이었고 같이 지내던 장남은 파견사원을 하며 월 12만 엔 정도의 수입을 올리고 있었는데 생활이 어려워 결국 국민건강 보험료를 내지 못하게 됐다. 여성이 병원에 간 것은 같은 해 봄. 1년 반 전에 이미 췌장

종양이라는 진단을 받았지만 이후 병원에 가지 않았다. 걷지 못하고 먹을 수도 없게 돼서야 겨우 병원을 찾아 검사한 결과 종양이 이미 간이나 폐 등 전신으로 전이된 사실을 알게 됐다. 병원의 사회복지사는 이렇게 이야기한다.

"의사에게 전이가 됐다는 말을 들었을 때 여성은 크게 이성을 잃거나 당황하지 않았지만 눈물을 흘리며 분하다고 했습니다."

그녀는 어떤 생각으로 아픔을 참고 병원의 치료를 받지 않기로 한 걸까. 사회복지사의 이야기에 따르면 여성은 국민건강보험을 체납하고 있었으며 유효기간이 짧은 단기 보험증밖에 없었다. 이 보험증의 유효기한이 다 되면 병원비를 전액 부담해야 한다. 입원해서 치료를 받게 되면 비용이 얼마나 들지 몰라 불안했기 때문에 진료받기를 꺼렸던 것이다.

의료비가 고액이 되는 경우, 지불하는 데 부담이 덜 하도록 '한도액 적용 인정증'을 발급받을 수 있게 병원 담당자가 여성이 사는 지자체와 협상을 벌였지만 체납 때문에 단기 보험증을 가지고 있다는 이유로 발행해주지 않았다.

그래도 병원측은 '무료 저액 진료 사업'(41페이지에서 자세히 설명)의 대상이 돼서 치료는 계속 받을 수 있도록 했다. 하지만 그 시점에 병세는 너무 빠르게 진행되고 있어 치료한 보람도 없이 세상을 뜨고 말았다.

이 여성처럼 국가의 보증이 없어 병원에서 치료받는 것을 포기하는 사람이 적지 않다. 국민건강 보험료를 체납하고 있는 38세의 비정규직 남성은 이렇게 말한다.

"내고 싶어도 낼 수 없어요. 가족 셋이 버는 소득이 350만 엔인데 연간 약 60만 엔의 보험료를 납부하는 건 무리죠. 가능한 한 병원에 가지 않도록 겨울철에는 입을 잘 헹구고 손을 열심히 씻으면서 버틸 뿐이죠."

생명을 지켜줘야 할 국민건강보험에 부담감을 느끼며 생활하고 있는 사람은 이 남성뿐만이 아니다.

도쿄에 사는 40대 세대주의 급여 수입이 400만 엔 (그중 소득 266만 엔), 부인은 전업주부를 하며 자녀가 2명인 가정의 고정자산세가 5만 엔이라는 전제로 계산해보면, 도쿄의 가쓰시카 구의 국민건강 보험료가 가장 비싸 연 44만 5627엔이었다(2015년). 도쿄 사회보장 추진 협의회의 데라카와 신지 사무국장은 이렇게 말한다.

"생각해보세요. 266만 엔의 소득으로 44만 엔의 보험료를 내야합니다. 소득에 따른 비율이 약 16%죠. 체납이 생길만 하니까 생기는 겁니다."

문제는 이 밖에도 또 있다. 잘 알려지지 않은 사실이지만 국민건강보험은 소득이 없는 갓난아기까지 보험료를 내도록 하고 있다. 앞에서 말한 세대조건이라면 도쿄 23구의 경우 자녀가 하나만 있어도 자녀의 연간 보험료는 4만 4700엔, 둘이라면 8만 9400

엔, 셋이라면 13만 4100엔이 된다. 이러한 부담을 강제로 떠넘기고 있는 것은 보육에 역행하는 일이라고 말할 수밖에 없다.

## 지방자치화되면서 보험료가 오르고 있다

국민건강 보험료의 체납자는 전국에서 약 360만 세대로, 2014년도 전체 가입세대의 약 17%를 차지하고 있다. 보험료는 시구정촌(市區町村)마다 정해져 있지만 연간 소득 250만 엔을 버는 4인 가족에게 연 45만 엔이나 보험료를 청구하는 지자체도 있다. 국민건강 보험료가 왜 이렇게 비싼 것일까.

사회보장 문제에 정통한 리츠메이칸대학 산업사회학부 가라카마 나오요시 교수는 이렇게 이야기한다.

"최대 요인은 국고부담을 낮췄기 때문입니다. 또 국민건강보험 가입자 중 고령자나 비정규직 노동자가 늘어나면서 지불할 힘이 없는 사람이 모여 체납이 더 확대되었고, 결과적으로 보험료가 치솟게 됐습니다."

국가는 1984년, 그 전까지 약 50%였던 국고부담 비율을 낮추기 시작해 2011년도에는 24.8%로 반감시켰다. 후생노동성의 조사(2012년도)에 따르면 국민건강보험 가입자 1인당 연간 평균 소득액이 약 83만 엔인데 비해 보험료는 8만 3000엔으로 조사됐다. 소득에 따른 1인당 보험료 부담은 국민건강보험이 9.9%로 대기업 건강보험조합의 배 가까이 된다. 뒤에서도 자세히 이야기하겠지만 체납이 계속되면 보험증을 빼앗겨 일단 전액을 자기부담 하지 않으면 의료 혜택을 받을 수 없게 되고, 재산을 차압당하는 일도 있다. 이런 현상을 악화시킬 수 있는 것이 국민건강보험을 도도부현(都道府県, 일본의 광역 자치단체는 도쿄도와 홋카이도 외 2개 부와 43개의 현으로 이루어져 있다-옮긴이)에 맡기는 일이다. 2018년 4월부터 국민건강보험의 재정운영을 시정촌(시, 읍, 마을-옮긴이)에서 도도부현으로 이관한다. 이러한 정책에는 주민들의 보험료 부담을 올리려는 의도도 포함되어 있다.

"도도부현이 시정촌에 표준 보험료율을 제시해 '100% 납부' 의무를 내세워 압력을 가하면서 보험료가 올라가게 될 염려도 있습니다. 지금까지 이상으로 징수가 강화될 가능성도 있습니다."(가라카마 교수)

국민의 생명줄이라고 할 수 있는 국민건강보험이 생활과 건강, 그리고 생명을 위협한다. 그래서 돈이 떨어지면 목숨도 잃는 사태가 벌어지는 것이다. 전일본 민주 의료기관 연합회(민의련)는 2005년부터 가맹 의료기관을 대상으로 경제적 이유로 치료가 늦어져 사망에 이른 사례를 계속 조사해오고 있다.

가장 최근인 2014년 조사에 따르면 전국에서 56명이 경제적인 이유로 목숨을 잃었다. 사망한 56명의 경향을 보면 남성이 80%로, 여성에 비해 압도적으로 많았다. 나이는 60대가 가장 많고 독거가 30건으로, 사인의 과반수인 70%가 암이었다.

"보험료가 너무 비싸기 때문에 내지 못하고(의료기관은 10% 부담한다) 자격 증명서(보험료 체납으로 보험증을 못 받는 대신 임시자격 증명서를 받음-옮긴이)를 받게 돼 진찰을 덜 받을 수밖에 없는 사람이나 최근에는 정규 보험증을 갖고 있어도 납부 부담이 가계를 압박하기 때문에 진찰받는 것을 포기하는 사람도 늘고 있습니다. 사망한 사람들 중에는 연금이 너무 적어서 아르바이트 일을 하던 고령자도 있습니다. 생활할 수 있는 임금이나 연금이 보장되지 않는 반면 사회보장은 삭감되어 부담은 증가하고 소비세도 증가하면서 가계를 압박하는 데 그 배경을 찾을 수 있습니다."(민의련 소속 야마모토 요시코 씨)

일본은 더 이상 누구나 안심하고 의료를 받을 수 있는 나라가 아니라는 것인가. 그러한 원망과 한탄의 목소리가 들려오는 것 같지만 스스로의 목숨을 지키기 위해 할 수 있는 것이 있다. 뒷장에서 의료비를 줄이고 보험료를 환급받을 수 있는 공적의료 제도에 대해 정리해봤다.

그 외에도 '무료 저액 진료 사업'이라고 부르는 제도가 있다. 이는 저소득자를 대상으로 무료 또는 염가로 진료를 해주는 사업으로, 저소득 연금생활자나 실업 등으로 수입을 잃은 사람이 늘어나면서 도입하는 의료기관도 늘어나고 있다.

후생노동성의 집계에 따르면 2013년 무료 저액 진료 사업을 실시하는 의료 기관은 전국에서 591개, 도쿄 오타 구를 비롯해 도내 외곽 지역에 있는 오타병원 현관에는 무료 저액 진료 사업이라고 쓴 현수막이 걸려 있다. 통상 30%(70세 미만)나 되는 의료비의 자기 부담금을 경제력에 맞춰 감액 또는 면제해주는 제도다. 2009년부터 무저진사업(의료기관이 저소득자에게 무료 혹은 저액으로 진찰해주는 것-옮긴이)을 개시한 오타병원의 경우 세대 수입이 생활보호기준과 같거나 1.3배인 경우에는 전액 면제, 또 1.3배에서 1.5배의 경우 반액이 면제된다. 어떤 사람들이 무저진 사업의 혜택을 보고 있을까. 이 병원의 의료 사회복지사인 마쓰오 유미코 씨는 이렇게 설명한다.

"대부분 70대 이하의 연금생활자들이며, 그 외 절반 정도는 한창 일하고 있는 40~60대입니다. 고령자의 경우 몇 푼 안 되는 돈으로 월세를 내고 나면 밥을 먹기도 빠듯한 사람들이 많습니다. 그래서 건강이 나빠져도 그냥 참고 적극적으로 병원을 찾으려고 하지 않습니다. 젊은 사람도 비정규직으로 고용돼 수입이 적거나 구조조정을 당해 부모의 연금에 의지해 살아가고 있어서 한계가 올 때까지 의료비를 절약하다 위급한 상태가 되어서야 무저진 혜택을 받고 병원에 오는 경우가 많습니다."

이런 경우도 있었다. 운전기사를 하고 있던 어느 60대 남성은 적은 연금으로 월세나 수도세, 전기세를 내고 나면 4만 엔 정도밖에 남지 않아 생활이 빠듯했다. 때문에 운전기사 일을 하면서 월 15만 엔 정도를 벌어 생활해 나가고 있었다. 이 남성은 올 여름, 몸이 안 좋아져 오타병원을 찾았다. 암이었다. 당장 수술을 해야 했지만 남성은 일을 쉬면 수입이 끊기고 만다는 이유로 입원을 거부했다. 입원비도 낼 수 없는 상황이었던 것이다. 무저진이라는 제도가 있으니 수입 상황에 따라 혜택을 받을 수 있다는 점을 설명하고 간신히 치료를 받도록 설득했다. 이 남성뿐만 아니라 위독한 상태에서 입원을 하고도 치료비가 걱정돼 조기 퇴원을 희망하는 경우도 있다고 한다.

"빠듯한 수입으로 생활비와 월세를 어떻게든 충당해왔던 사람이 병이 걸리면 앞이 막막해지는 겁니다. 바꿔 말하면 병도 마음대로 걸릴 수 없는 사태가 늘어나고 있는 거죠."(마쓰오 씨)

전체 의료 기관이 무저진제도를 실시하고 있는 것은 아니며 각 자치단체의 복지 담당 창구를 통해 실시하고 있는 의료기관을 알 수 있다. 도쿄의 경우에는 사회복지 협의회의 웹사이트에 게재되어 있다. 병원을 확인한 후 진료를 받을 때 의료 상담창구에서 신청할 수 있다.

후생노동성은 저소득자나 노숙자, 가정폭력 피해자 등 생활이 어려운 사람들을 무저진 대상자로 지정하고 있으며, 운용방식은 각 의료기관에 맡겨 놓고 있다.

"필요에 따라 급여 명세나 연금 통지서, 예금통장 등으로 수입 상황을 확인한 후 적용 여부를 판단합니다. 일단 적용이 된다고 해도 계속 적용되는 것은 아니며 의료기관에 따라서는 짧으면 1개월, 오타병원의 경우에는 1년(그 이후 갱신)이고 그 안에 생활보호수급자가 될 수 있도록 연결시켜 주거나 생활지원의 도움을 주기도 합니다."

아베 내각은 2015년 말, 의료 서비스의 공정(公定)가격인 진료 보수를 1.03% 낮추기로 결정했다. 사회보장비용을 매년 2200억 엔 삭감하며 의료 붕괴를 초래한 고이즈미 구조개혁 노선을 부활시킨 셈이다. 또한 사회보장비를 억제할 목적으로 앞으로도 사회보장제도를 더욱 안 좋은 방향으로 나아가도록 검토하고 있다. 이에 대비하기 위해서는 우선 현재 실시되고 있는 제도를 잘 알고, 권리를 활용하며 목소리를 높여가야 한다.

## 신청해야 받을 수 있다!
## 의료비 부담을 낮춰주는 주요 제도

스스로 부담해야 할 한 달치 의료비가 고액일 경우, 자기 부담액을 낮출 수 있는 '고액요양비제도'가 있다. 예를 들어 의료비가 100만 엔이 나온 경우에도 건강보험 혜택으로 30%만 부담하게 되기 때문에 창구에는 30만 엔을 지불하게 된다. 하지만 이 금액에도 고액 요양비가 적용되면 약 8만 엔만 지불할 수 있게 된다. 고액 요양비를 보조받기까지 약 3개월 정도의 시간이 걸리기 때문에 그 전까지는 창구에 지불할 현금이 필요하지만, 입원 전에 '한도액 적용 인정증'(입원이나 외래 진료, 조제약국 등에서의 의료비 지불액이 국가가 정한 자기 부담 한도액을 넘어서 고액이 됐을 때 창구에서의 지불액을 자기 부담 한도액까지로 한정하는 제도-옮긴이)을 신청해두면 창구에서 일시 부담해야 할 금액이 가벼워진다.

병에 걸리거나 다쳐서 장기간 회사를 쉬게 되면 수입이 줄어든다. 그럴 때 건강보험(협회 건강 보험이나 건강 보험 조합)에 가입한 사람에게 지급되는 것이 '치료 수당금'(건강보험법 등을 근거로 건강보험이나 각종 공제조합 등의 피보험자가 병 또는 부상으로 일을 못하게 됐을 때 요양 중의 생활보장으로 지급하는 제도-옮긴이)이다. 병이나 부상을 이유로 연속 3일 이상 회사를 쉬게 되는 경우 4일째부터 지급되며 최장 1년 6개월 동안 급여의 약 3분의 2를 지급받는다.

국민연금이나 후생연금, 공제연금 가입자를 대상으로 하는 '장해(障害)연금'도 있다. 장해연금은 교통사고 등에 해당된다는 이미지가 강하지만 암 같은 병에도 적용된다. 처음 의사에게 진료를 받은 시점부터 1년 6개월 이후에도 병을 앓는 장해 상태인 사람들을 대상으로 한다. 신청하려면 의사의 진단서나 병의 첫 진료일을 증명할 수 있는 서류가 필요하다.

1년 동안 지불한 의료비가 10만 엔을 넘는 경우는 일정 금액이 소득에서 공제되는 '의료비 공제'를 신고해두자. 10만 엔을 넘지 않아도 소득 200만 엔 이하인 사람은 의료비가 소득의 5%를 넘으면 세금을 공제받을 수 있다. 약국에서 구입한 감기약이나 위장약, 습포, 통원 치료를 받을 때 지출한 교통비 등도 공제 대상이 되므로 영수증은 보관해두도록 하자.

_도고 노리코(藤後野里子)

# 노후를 엄습하는
## _____ 부자 공동 파산

**부모의 연금으로 생활하는 중년 싱글 급증**

일자리를 잃거나 집안에만 틀어박혀만 있으면서 중장년이 되어도 부모로부터 독립하지 못하는 사람들이 증가하고 있다. 연금으로 부모와 자식이 함께 생활하는 탓에 개호비용을 마련하지 못하는 가정도 있다. 노후 파탄의 '방아쇠'가 되고 있는 부모에게 의지하는 자식들. 일찍이 찾아볼 수 없었던 현상이 일본의 가정에 확산되고 있다.

언제부터인지 취재를 할 때마다 현장의 많은 개호 도우미들에게 부모와 나이든 자식이 함께 살고 있는 가정이 많다는 이야기를 자주 듣게 되었다.

"고령자의 가정을 방문하면 깊숙한 방에서 인기척이 느껴집니다. 50대 정도의 남성으로 그 댁 아들인 것 같았습니다. 근처 이웃들의 말로는 회사를 오랫동안 쉬고 있다고 하더군요. 부모님에게 필요한 개호 서비스를 제안해도 묵묵부답인 경우가 많은데 부모의 연금으로 생활하고 있으니 개호비용이 늘어나면 자기 생활에 영향을 미치게 되는 걸 싫어하는 것 같습니다. 이야기를 해보고 싶지만 말이 통하지 않아요…."(치바 시내의 케어매니저)

다른 캐어 매니저(자택에서 요양하는 환자의 간호나 병구완을 위한 지원 전문가-옮긴이) 역시 자식들의 주택 장기 대출이나 빚을 갚아주기 위해 연금을 쓰는 경우도 많아 현재 이용하고 있는 생활 개호 서비스를 줄이고 싶어 하는 사람도 많다는 이야기를 했다.

생활 개호 서비스를 줄이고 싶은 이유를 물으면 자식이 실업자가 돼 집으로 돌아왔기 때문에 월 10만 엔 남짓 되는 연금으로 두 사람이 먹고 살아야 해서 힘들다는 것이 그 이유이다. 돈을 아끼기 위해 식사를 거르고 있는 경우도 있어 방문하는 도우미가 주의 깊게 지켜보고 있다고 한다.

구조조정이나 우울증 같은 정신 질환, 이혼 등 여러 가지 이유로 부모에게 붙어 지내고 있는 중장년 싱글들이 늘어나고 있다. 총무성 통계 연구소가 조사한 부모와 함께 살고 있는 35~44세 미혼 자식의 비율은 오른쪽 그래프에서 볼 수 있듯 1980년

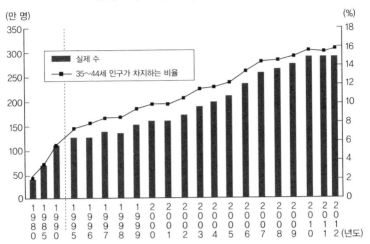

## 부모와 동거하는 장년 미혼자 수(35~44세) 추이
### 전국(1980, 1985, 1990, 1995~2012년)

출처 : 총무성 통계 연구소(각 연도 모두 9월 수치)

39만 명에서 2012년 305만 명으로 늘었다. 그 배경으로 실업과 비정규직의 증가를 꼽을 수 있다.

2015년 11월 후생노동성이 발표한 고용 구조에 관한 실태 조사에 따르면, 노동자 전체 중 아르바이트나 파견직 등의 비정규직 고용이 차지하는 비율이 처음으로 40%에 달했다. 저임금도 심각하다. 비정규직 노동자 가운데 한 달 수입 20만 엔 미만은 78.2%로, 남성은 60%, 여성은 90%에 이르렀다.

가와사키 시내에서 부모와 함께 살고 있는 41살 다케시 씨도 그중 하나이다. 그 지역 명문학교를 나왔지만 정사원으로 취

제1장 고령자의 빈곤한 삶은 남의 일이 아니다

직하지는 못했다. 현재 미용용품 도매상에 취직해 한 달에 손에 넣을 수 있는 수입은 약 23만 엔. 시내까지 통근하기가 힘들어 근처에서 아파트를 빌리고 싶지만 월세가 10만 엔 가까이 되다 보니 불가능하다. 월 3만 엔씩 생활비에 보태고 있지만 좁은 집에서 70대가 된 노부모와 얼굴을 마주치는 것이 괴롭다. 부모에게 개호가 필요하게 되면 자신이 돌봐야하기 때문에 함께 사는 것이라고 스스로를 합리화시킨다.

부모와 결혼하지 않은 자식, 그것도 비정규직으로 일하며 30~40대가 된 자식과 동거하는 가정이 계속 늘고 있는 이유는 무엇일까. 미혼 자식과 동거하는 고령자 세대가 증가하는 현상을 경고해온 마츠야마대학 인문학부 교수 가스가 기스요 씨(임상 사회학자)는 이렇게 이야기한다.

"많은 젊은이들이 비정규직으로 고용되거나 실업하게 된 데에는 1990년대 이후의 경제 상황이 큰 몫을 차지하고 있습니다. 최근에는 정규직으로 취업해도 노동 환경이 매우 가혹하기 때문에 몸과 정신이 피폐해져 일을 계속하지 못하고 부모 슬하로 돌아오는 사람도 꽤 있습니다."

부모가 건강한 경우라면 수입이 적은 자식을 도와줄 수도 있지만 노쇠해 요양이 필요한 상태라면 부모와 자식이 함께 파산하는 부자 공동 파산의 위험도 있다.

부모 학대와 개호 살인은 극단적인 이야기일지 모르겠지만 부모가 죽은 것을 숨기고 자식이 연금을 계속 받는 사건이 각지에서 산발적으로 발생하는 이유도 자식이 언제까지고 둥지를 떠나지 못하는 가족 환경의 변화에 그 배경이 있다. 이를 위한 타개책은 있을까.

"근본적인 대책으로 불안정한 비정규직 고용을 확대하지 못하도록 해야 합니다. 하지만 사태가 이 정도로 심각한데도 정권은 노동 파견법을 악화시키며 비정규직 고용을 확대하고 있습니다."

국세청의 민간 급여 실태 통계 조사에 따르면 2013년의 비정규직 고용자의 평균 급여는 연간 168만 엔, 정규직 고용자가 받는 금액(473만 엔)의 3분의 1 수준이다. 이는 빈곤을 점점 더 증가시키는 원인이 되고 있어, 1억 국민이 모두 활약하는 시대는 커녕 모두 함께 빈곤해지는 국가가 되고 있는 것이다. 당연히 낮은 수입 때문에 결혼을 주저하는 사람도 있다. 출산률 저하가 개선되기를 바랄 수 있는 상황도 아니다.

## 자식과 진솔하게 '돈' 이야기를 나눈다

가스가 교수는 개인적인 단계에서 할 수 있는 노력은 가능한 빨리 '자립'하는 것이라고 말한다.

"해를 거듭할수록 취직할 기회는 줄어들며 본인의 기분도 위축됩니다. 저 역시도 중장년층 자식들과 동거하는 부모에게 따로 살아보라고 조언하는 경우가 있는데 "언젠가는 분명 자립하겠죠"라는 말만 하면서 시간을 보내고 있습니다. 부모와 함께 사는 기간이 늘어날수록 자식의 생활 능력은 떨어지기 마련입니다. 현실을 직시하는 것은 힘든 일이지만, 공동 파산할 위험이 크다는 생각을 가지고 부자가 모두 한 시라도 빨리 살아갈 방법을 모색하는 것이 중요하다고 생각합니다."

예를 들어 경제적인 여유가 있다면 월세를 내주면서 따로 생활하거나 이직을 한 후에도 먹고 살아갈 수 있는 능력을 갖추도록 도와주는 것이 그 방법이 될 수 있다.

가계에 관한 상담을 많이 받는 파이낸셜 플래너 요코야마 미쓰아키 씨도 부모자식이 서로 의지하고 사는 가정이 늘어나는 것을 실감하고 있다고 한다. 특히 자식의 주택 장기 대출을 대신 지불해주거나 손자의 교육비를 부담하는 등 언뜻 보기에 가족이 함께 돕고 사는 것처럼 보이지만 이는 노후 파산의 원인이 될 수 있다고 지적한다.

"성인이 된 자식의 휴대전화 사용료나 국민연금 보험료 등을 지불해주는 50~60대 부모가 적지 않습니다. 자식을 생각하는 부모의 마음은 이해할 수 있지만 부모도 자신의 노후생활이 있습니다. 요양을 해야 하거나 병이 걸리는 등 예기치 못한 사태가 벌어질 수 있습니다. 우선은 자식과 허심탄회하게 돈 이야기를 나눠야 합니다. 도와주는 경우라도 기한을 확실히 정하는 등 특별한 사정이 없는 한 빨리 독립할 수 있도록 만드는 것이 중요합니다."(요코야마 씨)

부모와 자식이 함께 사는 것은 자식의 불안정한 직업이나 낮은 수입 때문만은 아니다. '히키코모리'(일터나 학교에 가지 않고 가족 이외의 사람과는 교류를 거의 하지 않으면서 6개월 이상 집에만 틀어박혀 있는 것-옮긴이) 때문인 경우도 있다. 내각부의 추계(2010년)에 따르면 히키코모리는 약 70만 명 정도. 야마가타 현이나 시마네 현이 조사한 결과로도 '히키코모리' 기간은 10년 이상, 연령은 40대가 가장 눈에 띈다.

이토록 장기화, 고령화된 히키코모리는 이미 개인이나 가정의 문제로 치부할 수 없다. 확대되고 있는 비정규직 노동자와 마찬가지로 최근 20년간 지속된 일본의 경기 침체, 또한 악화하고 있는 고용 환경이 그 배경이라고 할 수 있다. 히키코모리 자식의 고령화가 진전되면 언젠가 노후 파산이 급증할 수 있다. 히키코모리 자식을 가진 가정의 생활 설계를 돕고 있는 파이낸셜 플래너 하마다 유야 씨는 이렇게 말한다.

"일본이라고 하는 나라는 등교 거부, 병, 실업 등 여러 가지 사정으로 한번 정해진 틀에서 벗어나버리면 '낙오자'라는 낙인이 찍히는 경우가 많아, 다시 시작하기 쉽지 않습니다."

## 자산도 부채도 한눈에 알 수 있도록
## 서바이벌 플랜 세우기!

부모가 사망한 뒤 남겨진 자식들이 어떻게 살아갈 것인가 하는 것은 절실한 문제다. 각지에서 열리는 라이프 플랜(Life Plan) 세미나는 50~70대의 부모들로 붐빈다. 강사로 활동하고 있는 하마다 씨는 이렇게 지적한다.

"자식은 40~50대 중심이며 부모의 경우 60~70대가 많습니다. 최근에는 60대의 자식을 가진 80대 부모가 상담을 해오는 경우도 있었습니다."

히키코모리 기간도 긴 경우는 30년 이상이나 되며 그 가운데 형제가 모두 히키코모리인 경우도 있다.

"초·중학교 때부터 등교하지 않고 줄곧 집에만 틀어박히거나 직장에서 인간관계에 지쳐 회사를 그만두고 그대로 히키코모리가 되어버린 경우, 노부모를 돌보기 위해 직장을 그만둔 뒤 재취업이 불가능해져 집에만 있게 되었다고 말하는 사람들도 최근 늘고 있습니다." (하마다 씨)

부모가 살아있는 동안에는 부모의 수입이나 연금에 의지해 생활할 수 있다고 해도 부모가 보살핌을 받아야 하거나 치매에 걸리게 되면 이전 같은 생활을 할 수 없게 될 두려움도 있다. 일반적으로 이와 같은 상황을 벗어나려면 어쨌든 밖으로 나가 일해야 한다고 생각하기 쉽다. 하지만 하마다 씨는 히키코모리 상태에 있는 자식이 일을 해서 수입을 올리는 것은 어렵다는 생각을 전제로 인생계획을 세우라고 충고한다. 하마다 씨는 말한다.

"자식이 평생 일할 수 없을 것이라고 단정 짓는 것이 아닙니다. 단지 일하고 싶다는 생각을 가지고 있어도 좀처럼 사회에 복귀하지 못하는 경우가 많은 것도 사실입니다. 따라서 '사회복귀가 어렵다'는 현실을 받아들이는 각오도 가족들에게 필요한 것이 아닐까요. 부모의 자산과 자식의 연금으로 언제까지 지금 같은 생활을 할 수 있을지, 언제쯤 돈이 부족해질지를 잘 파악해 막연히 안고 있는 불안을 확실히 받아들이고, 가족이 함께 미래를 준비하는 노력이 경우에 따라서는 필요한 것이 아닐까 생각합니다."

이러한 히키코모리 자식의 생활 설계를 '서바이벌 플랜'이라고 한다. 서바이벌 플랜은 부모는 물론 자식과 함께 정보를 공유하는 편이 사태를 호전시킬 수 있다고 한다. 예를 들어 이런 경우가 있었다.

어느 60대 후반 부부에게는 고등학교 중퇴 이후 히키코모리가 되어버린 30대 후반의 자식이 있었다. 이들이 서바이벌 플랜을 작성할 때 아들 역시 함께 참가하도록 했다. 하마다 씨는 말한다.

"우선은 부모의 현재 수입과 예금, 저금 상황 등을 모두 기록

하게 합니다. 그 자산으로 자식이 몇 살까지 살 수 있을지를 캐시플로(cash flow) 표(1년 단위의 가계부 같은 것)로 작성해 대략적으로 확인합니다. 그러면 앞으로 몇 년 안에 저금이 바닥을 드러낼지 알 수 있습니다. 제일 쇼크를 받은 것은 자녀 본인이었습니다. 용돈을 줄이기로 하고 그렇게 싫어했던 장해연금도 신청해 받을 수 있게 됐습니다."

서바이벌 플랜을 세울 때는 부모의 자산, 부채를 모조리 다 공개하는 것부터 시작한다. 자산에는 현금 등의 유동자산과 부동산 등이 있다. 다음 페이지에 나오는 표를 참고하면 확인할 수 있다. 주택 장기 대출 같은 부채는 변제 예정표 등을 작성해 모두 변제하는 시기를 확인할 수 있다.

재산을 일람표로 만들어 돈이 언제 바닥을 보일지 한눈에 알아볼 수 있게 만드는 것이다. 그러면 '부친이 73세가 됐을 때는 저축한 잔고가 마이너스로 전락한다…' 등 '바닥'을 확인할 수 있다.

"거기서부터 대책을 세울 수 있습니다. 예를 들어 어머니가 아르바이트로 일하고, 자식 역시 단시간 아르바이트라면 가능하다고 하는 사람이 있을지도 모릅니다. 그렇게 하기만 해도 수지는 플러스로 바뀝니다. 열심히 절약하자는 생각에 여차하면 집을 팔고 사는 곳을 바꾸는 방법도 있습니다."(하마다 씨)

## 예금, 저금 확인

- 보통예금과 정기예금은 통장으로, 재형저축은 매년 3월 말과 9월 말에 받아볼 수 있는 잔고통지서로 확인.
- 국채, 사채는 만기 때 돌아오는 금액(구입금액과 같은 액수)으로, 주식과 투자신탁은 현재 가격(최근 가격)으로 계산.
- 보험은 보험증서에 기록된 보장내용을 확인. 보험증서에 금액이 기재되어 있지 않은 경우는 보험회사에 전화해서 문의한다.

## 부동산 확인

- 고정자산세 명세서를 이용한다. 집을 가진 경우는 매년 4~6월에 받는 고정자산세 납세 통지서에 동봉된 고정자산세과세 명세서의 '가격' 항목을 본다.
- 가격(엔) ÷ 0.8 = 본래의 부동산 가격(엔)
- 노선가를 이용한다(토지만 해당). 노선가는 도로에 접하고 있는 토지 1제곱미터 당 가격. 노선가 단위는 천 엔. 노선가가 200인 경우 토지 1제곱미터 당 가격은 200×1000엔= 20만엔. 노선가는 국세청 홈페이지에서 확인할 수 있다.
- 노선가(천 엔)×토지 면적(제곱미터) ÷ 0.8= 본래의 부동산 가격(천 엔)
- 맨션의 경우에는 같은 건물 내에서 매각 물건이 나올 때 유인물을 입수하거나 인터넷으로 매각 물건을 찾아 가격을 알아본다.

## 공적제도도 충분히 활용한다

캐시플로 표 이외에도 일상생활에 힘이 되는 훈련도 있다. 자식이 혼자 남았을 때 전기나 가스, 수도 등 생명줄이 끊어지지 않도록 부모가 도울 수 있을 때 요금 계좌이체를 자식 명의의 계좌로 바꿔놓는 것이다. 또한 외식만 하다가 식비가 너무 불어나지 않도록 하기 위해 지어 놓은 밥을 조금씩 나누어 냉동한 뒤 전자레인지로 돌려먹는 방법 등 혼자 생활해 나갈 수 있는 요령을 익히게 한다. 외출이 어려운 경우 인터넷 쇼핑을 이용하는 방법을 검토해본다. 이 외에도 ATM기에서 돈을 빼는 법을 부모와 함께 해보고 공적제도를 이용하는 방법도 검토한다.

몇 가지 예를 들자면 '자립 지원 의료'를 신청해 자격을 인정받으면 의료비의 자기부담이 원칙적으로 10%가 된다. 단, 입원은 지원 대상에 포함되지 않는다. 또한 자식이 장해자 고용으로 취업하고자 한다면 '정신장해자 보건 복지 수첩'을 취득해두는 것이 바람직하다.

장해연금은 예를 들어 장해기초연금 2급이 인정되면 한 달에 약 6만 5000엔 정도의 연금을 받을 수 있다.

'심신장해자 부양공제제도'는 부모가 사망한 뒤 자식에게 월 9300~2만 3000엔까지 지원해주므로, 이러한 지원 제도들을 계속 눈여겨보며 생활 설계를 해야 한다. 이렇듯 부모와 자식의 공동 파산은 변화하는 가족의 형태와 장기간 지속되고 있는 경기 침체가 낳은 풀기 힘든 과제가 되어가고 있다.

_도고 노리코(藤後野里子)

# 제2장

내 집 마련이 노후 파탄의
원인이 된다

## 장기 대출,
## _____ 관리비를 지불하지 못한다

### 공포의 '여유 장기 대출'이 노후를 잠식한다

연금생활이 시작됐어도 계속 주택 대출을 갚아야하는 60~70대가 늘고 있다. 대출금을 다 갚고 난 뒤에도 맨션의 관리비 등이 가계를 압박하는 경우도 있다. 은퇴 전 평균 이상의 수입이 있었다고 해서 노후가 반드시 편안해진다고는 할 수 없다. 늘 꿈꿔왔던 내 집 마련이 노후를 위험하게 만드는 시대이다.

"2개월에 18만 엔 정도의 연금 수입이 있어도 한 달에 9만 엔의 주택 장기 대출금을 지불하느라 먹고 살기 힘들다.", "82세에 다 갚을 계획이지만 그때까지 일이 없다."

부동산 무료 상담 창구인 '주택 장기 대출 문제 지원넷'에는

　　　　　　　　　　제2장 내 집 마련이 노후 파탄의 원인이 된다

매일 비명처럼 끝없이 전화벨 소리가 울려댄다. 이곳은 매년 300건이 넘는 상담을 받고 있다. 최근 1, 2년 사이 60~70대 상담자들이 늘어나고 있다. 이곳의 대표인 다카하시 아이코 씨는 말한다.

"상담자의 대부분은 성실하게 일해온 직장인이나 자영업자입니다. 은퇴 전 갚기 시작한 장기 대출금을 지금은 어떻게 갚아야 할지 계획이 없습니다. 물건이 너무 비싸다는 사실을 알고 있었지만, 장기 대출을 신청했을 땐 설마 자기가 다 갚지 못할 것이라곤 상상도 못했겠죠."

다카하시 대표는 '보통 사람'이라는 말을 반복해 사용했다. 집을 찾아가보면 평범하게 생활하고 있지만, 가계는 매우 위급한 상황. 적은 연금으로 매월 약속한 금액을 갚아야 한다. 긴 노후 생활에 겁을 먹은 노부부가 높은 이자를 물어가며 카드 대출을 이용해 갚기도 하고, 아르바이트를 하는 연금생활자도 드물지 않다.

파이낸셜 플래너인 기히라 마사유키 씨는 "남편이 죽었으면 좋겠어요. 그러면 다 갚을 수 있을 테니까……"라고 진심으로 말하는 상담자도 몇 명이나 보았다며 탄식했다. 장기 대출 기간 중 사망하면 변제가 면제되는 단체 신용 생명보험을 염두에 두고 하는 말이다.

"70세가 되기 전에 사망하면 돈을 갚지 않아도 되니 무리해서 미리 앞당겨 갚으면 아깝지 않냐고 말하는 사람도 있습니다. 건강한 사람은 건강한 노후를 맞이할 확률이 높기에 생각처럼 은 안 될 거라고 답할 수밖에 없지요."(기히라 씨)

목숨과 집을 맞바꾸고 싶다고 할 정도로 일본인은 내 집을 마련하려는 의지가 강하다. 기히라 씨에게 최근 정년퇴직 전후로 장기 대출 변제에 관해 상담하러 오는 이들이 늘어나고 있다.

"연금을 수령하기 시작하는 연령이 65세로 연장돼 60~64세까지 5년간은 적은 연금밖에 받을 수 없습니다. 고용연장으로 일할 수 있어도 현역 시절에 비해 세금 등을 제외한 실제 수령액은 현격히 줄어들게 됩니다. 저금을 깨서 빚을 갚는 데 쓰는 사람도 있습니다."

연금제도가 바뀌고 경기가 변동하는 등 은퇴 전에는 상상하지 못했던 정년퇴직 전후의 수입 감소. 여기에 장기 대출 계약이 무겁게 어깨를 짓누른다.

연금을 받으며 택시 운전사로 일하고 있는 도미타 마사루 씨(72세, 가명)를 선술집에서 만나 이야기를 들어봤다. 일을 막 마치고 흰 셔츠를 말쑥하게 차려입은 차림으로 나타난 그는 피로를 덜기 위해 맥주를 벌컥벌컥 들이켰다.

도미타 씨는 40대 무렵 규모가 작은 공장을 경영했었지만 연쇄 도산으로 집을 잃고 다른 장사를 하다가 50대부터 택시 기사가 되었다. 빌린 돈은 다 갚았고 자녀 둘도 이제 다 컸다.

"50대 중반이 되니 다시 한 번 내 집을 갖고 싶다는 생각이 들더군요. 아직 경기가 좋아서 장거리 승객도 많았습니다. 체력에 자신이 있기도 했고요."

그는 이바라키 현에 있는 30평짜리 1층 집을 3500만 엔에 구입했다. 처음에는 20만 엔만 지불하고 25년 장기 대출을 신청했다. 79세까지 돈을 갚아야 하는데 구입하면서 불안하지 않았을까.

"불안하지 않았죠. 당시 연 수입이 600만 엔 정도였고, 경기가 좋을 땐 보너스도 100만 엔이나 됐습니다. 열심히 일하면 다 갚을 수 있을 거라고 생각했습니다. 거기에 부동산 가격은 계속 오를 거라는 믿음도 있었습니다. 조금 무리해도 내 집을 마련해 두면 노후가 편안할 거라고 생각했고 지금 사지 않으면 더 비싸져서 살 수 없을 거라는 생각에 초조하기도 했습니다."

주택 금융 공고(현 주택금융 지원기구)의 '여유 장기 대출'(일본어로는 '유토리론'. 돈을 빌린 후 5년에서 10년까지의 금리를 당시 시세보다 2% 정도 낮추어 돈 갚는 데 조금 여유를 준다. 그리고 처음에 깎아줬던 금리를 10년 이후로 대체해 받는 방식-옮긴이)과 연금 복지 사업단(현재 해산) 두 곳에서 돈을 빌렸다. 여유 장기 대출은 1990년대 경기 부양책으로 도입됐다. 당초에는 저금리로 변제액이 낮은 것처럼 보였지만 도중에 갑자기 높아졌다. 여유 장기 대출은 종신고용과 연공서열제도, 소위 말하는 임금 상승을 전제로 한다.

그러나 현실적으로는 금리가 올라 장기 대출금을 갚을 수 없는 사람들이 속출하면서 사회적 비판을 받아 2000년에 폐지됐다. 그러나 이미 돈을 빌린 사람들은 계속 갚아 나아가고 있다.

## 경제가 계속 좋아질 것이라 믿은 결과

2개의 장기 대출을 껴안고 있는 도미타 씨의 변제액은 최초 7만 엔, 8만 엔이었지만 이윽고 14만 엔 정도까지 올랐다. 연금 복지 사업단에 변제해야 할 금액이 6개월 밀려 경매 신청 준비 통지서를 받았다. 교섭을 통해 월 2만 엔씩 갚아 나가도록 이야기를 했다. 여유 장기 대출을 합친 변제액은 월 약 10만 엔이 되었다.

"40~50대 무렵 40만 엔 가까이 됐던 월수입은 65세를 넘어서자 25만 엔 정도로 줄어들었습니다. 나이 때문에 운전수 일을 더 이상 할 수 없게 되는 날도 다가오고, 연금만으로는 장기 대출을 다 갚을 수 없습니다. 경매에 넘어 가거나 파산하게 될지도 모른다는 생각이 머리를 떠나지 않아 잠을 잘 수가 없었습니다."(도미타 씨)

채무 잔액은 2400만 엔 정도인데 집을 팔면 시가 680만 엔 밖에 되지 않는다. 비쌀 때 구입했기 때문에 하락률이 큰 탓이다.

"그 무렵 우연히 스포츠 신문을 읽다가 '주택 장기 대출을 갚지 못하게 됐다면……'이라는 책 광고가 눈에 들어왔습니다. 벼

랑 끝에 매달린 심정으로 책을 자세히 읽다가 '임의매각'이라는 방법이 있다는 걸 처음 알게 됐습니다."

임의매각이란 경매 개시 전, 혹은 경매가 결정됐어도 채무자의 의뢰를 받은 전문업자가 채권자와 이야기해서 양해를 구하고 부동산을 매각할 수 있게 하는 방법이다. 일반적으로는 경매보다도 더 비싸게 팔리는 경우가 많다고 한다.

고생 끝에 손에 넣은, 가족과의 추억이 담긴 내 집을 팔고 싶지 않았던 도미타 씨는 '임의매각의 친차간 매매'라는 방법을 배우게 됐다. 친자나 친족 간의 매매는 채권자의 동의를 얻는 것이 어렵고 성공사례가 적다고 하지만 운 좋게 3500만 엔으로 구입한 집을 아들이 680만 엔에 구입해 여유 장기 대출금을 다 갚을 수 있었다.

현재 도미타 씨는 집을 잃지 않고 연금 복지 사업단의 남은 채무도 조금씩 갚아 나가고 있다. 실례인줄 알면서도 50대 중반에 거의 완전 장기 대출(Full Loan, 선금이 없는 전액 융자)을 받은 것이 무모한 행동이 아니었냐고 물어보았다. 도미타 씨는 내 집 마련에 대한 생각을 이렇게 풀어놓았다.

"우리 세대에선 내 집을 마련하는 것이 인생 최대의 꿈이었죠. 내가 죽은 뒤에 자식들에게 집을 물려주고 싶다는 마음이 있으니까요. 집을 갖게 됐을 때 얼마나 기뻤는지 지금도 확실히 기억납니다. 부인은 매일 건축가들에게 차를 대접하곤 했습니다. 집은 인생의 꿈. 장기 대출이 무서운 건 알지만 후회는 안 합니다. 물론 제 경우에는 잘 해결됐으니 할 수 있는 말이지만요."

여유 장기 대출의 함정이 부른 예를 또 한 가지 들어보도록 하겠다.

가나가와 현에 살고 있는 샐러리맨 N 씨(59세)와 부인(45세)은 2014년 맨션을 내놨다. 해안가에 위치한 신축 맨션을 손에 넣은 것은 1998년의 일. 방 3개에 거실과 부엌, 욕실이 딸린 집으로 역세권에다 슈퍼마켓이나 병원 등 편의시설도 가깝고 햇볕도 잘 들었다. 3500만 엔에 구입하면서 선금은 그의 10%인 350만 엔을 지불했다.

"그 전까지 살던 곳의 월세가 11만 엔이었으니 매월 갚아야 하는 돈이 월세와 비슷한 것 아니냐는 말을 듣고 바로 사게 됐습니다."(N 씨)

변제액은 6년째와 11년째 되는 해에 오른다. N 씨의 경우에도 변제가 6, 7만 엔으로 오른 순간부터 생활이 어려워졌다. 보통 주택 장기 대출의 경우, 초기에는 이자를 갚는 것이기 때문에 원금은 거의 줄어들지 않는다. N 씨의 경우도 15년 가까이 변제했지만 700만 엔도 줄어들지 않았다. 작년(2015년)부터 저금리 장기 대출로 바꿨지만 아직도 2000만 엔이나 되는 잔액이 남아 있다.

"내년에 남편은 60세가 됩니다. 회사와 촉탁 계약을 맺어 계속 일할 수 있긴 하지만 급여는 급격히 줄고 보너스도 받을 수 없습니다. 제가 아르바이트로 일을 한다고 해도 2000만 엔을 갚는 것은 무리죠. 어차피 언젠가 경매로 집을 날려야 한다면 50대일 때 정리하자는 생각을 했습니다."(부인)

## 97세에 완전히 갚는다?
## 터무니없는 변제 계획

부부는 현재 관리비를 포함해 월 약 5만 엔짜리 아파트에 산다. 지은 지 30년 된 방 2개에 거실과 부엌, 욕실이 딸린 곳이지만 어깨에 짊어진 짐이 조금 가벼워졌다. 맨션은 임의매각으로 1400만 엔에 내놓았지만 아직 사겠다는 사람이 없다.

주택 장기 대출은 35년짜리가 많다. 매월 10만 엔 정도를 갚고 보너스가 나오는 달에는 조금 더 갚는 식이다. 미리 앞당겨 갚다가 퇴직금을 받으면 완전히 갚고, 연금으로 생활하기 시작하면 된다고 생각하는 사람이 많다. 하지만 그런 계획이 무너졌다고 이야기해도 좋을 정도이다. 임금이 오르기는커녕 성과주의를 도입하면서부터 내려가고 있고 업적이 악화되면 보너스도 받지 못한다. 이혼을 하거나 병에 걸리거나, 나이 든 부모를 개호하게 되는 '설마'하는 사태가 누구에게나 닥치게 되어 있다.

"퇴직금이 줄어들면서 인생 계획에 차질이 생겼다는 사례가

늘고 있습니다."('주택 장기 대출 문제 지원넷' 다카하시 대표)

많은 사람들이 퇴직금으로 빚을 다 갚겠다는 생각에 장기 대출을 받는다. 60세가 되는 시점에 채무가 1000만 엔 정도 남아 있는 경우가 드물지 않다. 그럼에도 불구하고 퇴직금제도의 변경이나 확정갹출연금의 운용 실패로 퇴직 때 모아둔 금액을 수중에 넣지 못하는 사례가 늘어나고 있다.

한 70대 여성은 55세 때 은행의 권유로 25년짜리 장기 대출을 받아 1700만 엔에 집을 구입했다. 일을 하고 있었을 때에는 괜찮았는데 2개월에 17만 엔을 받는 연금생활을 시작한 후 변제액이 오히려 더 많아지고 말았다. 은행에 상담을 신청해서 갚는 돈을 5만 5000엔으로 내렸지만 대신 변제기간이 늘어나고 말았다. 빚을 다 갚게 되면 97세가 된다. 그렇게 해도 매월 생활비는 3만 엔밖에 남지 않았다. 결국 이 여성은 임의매각과 자기 파산으로 끝을 맺었다.

"97세까지 계속 갚아 나갔다면 지불 총액은 2000만 엔이 됩니다. 먹을 것도 제대로 먹지 못하죠. 빌린 돈을 약속대로 갚지 못하는 것은 나쁜 일이지만 돈 계산에 어둡다는 점을 노려 한 여성의 노후를 엉망으로 한 책임은 돈을 빌려준 은행에도 있는 것이 아닐까 생각합니다."(다카하시 대표)

주택 장기 대출로 노후를 망치지 않으려면 물건(주택) 가격의 10~20%의 선금을 준비해 미리 돈을 갚으면서 퇴직이 가까워지면 장기 대출 잔액을 가능한 한 적게 만드는 것이 원칙이다.

"어려울 때는 은행에 금리를 낮춰 달라고 교섭을 하는 방법도 있습니다. 월급이 격감한 때는 거기에 맞춰 집을 바꾸고, 가지고 있던 집은 임대를 주어 싼 월세로 집을 빌리는 방법도 하나의 선택이 될 수 있지요."(파이낸셜 플래너 기히라 씨)

장기 대출 변제를 위해 소비자 장기 대출 등을 쓰는 방법은 피해야 한다. 파이낸셜 플래너인 하쓰이 교코 씨는 비교적 고수 입자들 중에서도 파산의 소지를 가진 사람들이 있다고 말한다.

"최근 가진 집을 팔고 다른 집을 사서 생활하고 싶다는 40~50대의 상담 고객들이 늘고 있습니다. 그러면서 현재 갚고 있는 장기 대출 잔고 이상의 주택 장기 대출을 새롭게 짜게 되거나 변제기간이 더 길어지는 경우도 있습니다."

은행 주택 장기 대출 조건으로 계산하면, 빚을 모두 갚았을 때의 연령은 75~80세가 된다.

"빌려올 수 있으면 갚을 수도 있다는 생각은 잘못된 것입니다. 이제부턴 소비증세나 사회 보험료 같은 큰 부담이 성난 파도처럼 밀어닥칠 겁니다. 주택 구입은 단발 승부로 각자 가계 수준에 맞지 않는 집을 사면 그때 가서 후회해봐야 되돌리기 어렵습니다. 신중히 결정해야 할 문제죠. 인생에는 늘 예기치 않은 일들이 일어나기 마련입니다. 전근이나 이직을 하게 될 수도 있으니 평생 같은 집에 산다고는 할 수 없습니다. 매각에 대비해

자산 가치를 잘 따져봐야 합니다."(하쓰이 씨)

평생 받을 수 있는 임금이 대폭 줄어들었고, 퇴직금도 연금도 눈에 띄게 줄어든 시대인데 사상 최저의 저금리에, 세제 우대 금리가 오를 전망이라 30대, 40대의 부동산 구입 열기가 뜨겁다. 3000만 엔 이상 하는 주택에 선금은 전혀 없이 장기 대출을 받을 수 있다는 광고물을 자주 볼 수 있다. 수십 년 뒤 여유 장기 대출의 악몽이 재현되는 것은 아닐지 두려워진다.

_도고 노리코(藤後野里子)

# 고령자를 압박하는
_____ 주택 장기 대출 파산

## 누군가 조언해주는 사람이 있었다면

은퇴 전 악착스럽게 일해 손에 넣은 꿈만 같은 내 집을 퇴직 후 내놓아야 하는 사람들이 늘어나고 있다. 병이나 개호, 이혼 등으로 주택 장기 대출 금액을 제때 갚지 못하게 되거나 퇴직금이 줄어들어 변제 계획이 뒤틀리거나 하여 퇴직 후에도 갚아야 할 장기 대출금이 많이 남아 있는 상황. 당신도 남의 일이라고만 생각할 것이 아니다.

"아내와 아들과 셋이 함께 살던 내 집을 설마 60대에 내놓게 될 줄은 꿈에도 생각 못했습니다."

관동지방의 한적한 주택가에 사는 야마모토 다다오 씨(63세,

가명)를 찾았다. 버스정류장까지 마중을 나와준 야마모토 씨는 선하게 웃는 얼굴이 인상적인 남성이었다. 하지만 편안히 노후를 보낼 수 있을거라 생각했던 내 집이 지금 경매로 팔릴지도 모르는 위기 상황에 놓여 있었다.

그의 안내로 방문한 2층짜리 집은 가재도구도 없이 텅 빈 상태였다. 현관에 걸려 있는 어린 아이의 그림이 유일하게 가족이 살던 때의 온기를 느끼게 했다. 그가 이 집을 산 것은 1993년, 42세 때였다. 선금 1000만 엔을 지불하고 3400만 엔을 빌려 4.8%의 금리로 25년 장기 대출을 받았다.

"당시에는 빌딩의 배관공사일을 하고 있었지요. 위세가 대단했습니다. 연봉이 800만~900만 엔은 됐으니까요. 사람도 잘 사귀는 편이어서 그날 번 돈은 그날 다 쓴다는 식으로 즐겁게 살다보니 당연히 지출이 컸어요. 그래도 생활에 여유가 있었습니다. 주택 대출금을 갚지 못하리라고는 생각도 못했지요."

집을 가지기 전까지는 임대 맨션을 전전하면서 매월 14만~15만 엔의 월세를 냈다. 계속 월세를 내는 것은 바보같이 느껴져 내 집 마련을 결심했다. 이 집을 발견했을 당시, 주위에 높은 건물이 없어 멀리 산들이 바라다보였다.

"산을 배경으로 단오절 잉어 깃발이 바람에 흔들리는 멋진 풍경을 아이에게도 보여주고 싶었습니다."(야마모토 씨)

매월 갚아야 하는 대출금은 약 14만 엔. 25년 장기 대출을 신청해 모두 갚으면 67세이다. 내 집을 마련하기에 42세는 조금 늦은 나이였지만 연봉을 생각하면 무리하게 샀다는 생각은 들지 않았다. 하지만 순조롭게 나아가던 공사일은 점차 줄어들고, 체력에도 한계가 왔기 때문에 46세에 전혀 해본 적 없는 의료관계 일을 시작했다. 거기에서도 매달 40만 엔 정도의 월급을 받을 수 있었다.

일하기만 하면 장기 대출금을 다 갚을 수 있다는 생각에 악착같이 저축하지는 않았다. 하지만 회사 정년퇴직을 2년 앞둔 60세에도 주택 장기 대출금이 900만 엔 정도나 남아 있는 것을 알았다. 집을 팔면 어떻게든 되겠다고 생각했는데 감정을 받아봤더니 집의 시장 가격은 650만 엔 정도로 대출금이 300만 엔 가까이 초과됐다. 퇴직금은 친척의 병원비를 도와주기 위해 거의 다 써버린 상태였다.

"보험료를 납부하지 않았던 시기도 있어서 연금액이 적었습니다. 연금으로 생활하게 되면 먹고 살기도 빠듯할 텐데 주택 장기 대출은 도저히 갚을 수 없습니다. 다 포기하는 심정이었고, 집은 경매에 넘어갔습니다."

2014년 여름부터 장기 대출금을 갚을 수 없게 되었고, 2015년 6월 재판소 집행관이 집에 들이닥쳤다. 그날을 모두 달력에 표기해 두었다. 야마모토 씨는 현재 경매로 자택이 매각당하기 전에 재판소를 통하지 않고 채권자에게 직접 매각해 빌린 돈을 변제하는 임의매각으로 해결이 가능하지 않을까 모색 중이다.

열심히 웃는 얼굴로 때로는 농담을 섞어가며 취재에 응해준 야마모토 씨에게 은퇴 전 경제적으로 여유가 있었을 텐데 왜 60세가 넘어서 죽을 때까지 살고자 했던 집을 내놓게 된 것이냐고 물어보았다.

"퇴직 후의 일까지 별로 생각해보지 않았기 때문이지요. 장기 대출이 얼마나 남아 있고, 어떻게 갚아 나가야 할지 말입니다. 일괄 변제로 사용할 생각이었던 퇴직금이 다른 용도로 다 사라져버린 것도 원인이지요. 42세에 대출을 받으면 그 후가 힘들어질거라고 누군가 충고해주는 사람이 있었다면 이렇게 되지는 않았을 겁니다."

40년 가까이 함께 살았던 부인은 2014년 가을 집을 나가버렸다. 그리고 야마모토 씨는 생활보호를 받기 시작했다. 하루 세 끼 감자를 삶아 먹거나 야채를 볶거나, 밥을 직접 해먹으며 검소하게 살고 있다. 집을 임의매각으로 처분할 수 있으면 조금은 채무가 줄어들게 될 테니 지금은 월세가 싼 임대주택에서 보내게 될 다음 인생을 꿈꾸고 있다.

## 개호, 실업… 집을 날리게 되는 이유는 많다

앞 장의 〈장기 대출, 관리비를 지불하지 못한다!〉에서도 등장했던 '주택 장기 대출 문제 지원넷' 다카하시 아이코 대표는 은퇴 전 1000만 엔 가까이 수입을 올리던 엘리트 샐러리맨이 노후에 파산하는 경우도 결코 드문 일이 아니라고 말한다. 야마모토 씨의 경우 어디에 문제가 있었던 걸까. 다카하시 대표는 우선 구입 시기가 늦었다는 점을 지적했다.

"정년퇴직까지 장기 대출을 완전히 갚을 생각이라면 35세까지는 장기 대출 계약을 맺어야 합니다. 선금 1000만 엔을 지불한 것은 좋았는데 정년퇴직 후 수입이 끊길 것까지 내다보지 못하고 저축해 놓은 돈으로 대출금을 미리 갚아 잔금을 줄이거나, 저금리 장기 대출로 바꾸는 등 대책을 세우지 않았던 것이 잘못이었죠."

최근 몇 년 사이 다카하시 대표의 사무소에는 고령의 상담자들이 끊이지 않고 있는데, 70대 중반에 모두 갚을 예정이라고 말하는 사례도 '당연히' 있다고 한다. 예를 들어 75세에 대출금을 모두 갚게 된다면 60세에 정년퇴직을 한 후에도 15년간 계속 변제해야만 한다. 재고용 계약으로 일을 계속 할 수 있다고 해도 수입은 대폭 줄어든다. 연금을 받기 시작하려면 좀 더 기다려야 한다.

"60대에 들어서도 장기 대출금을 갚기 위해 열심히 아르바이트 생활을 하는 노부부가 있는가 하면, 먹는 것을 줄여서 굶어 죽기 직전까지 간 고령자를 만난 적도 있습니다."

고령자 주택 장기 대출 파산은 왜 늘어나고 있는 것일까. 다카하시 씨가 상담을 받았던 사례를 통해 다음과 같은 공통점을 찾을 수 있었다.

---

### ◉ 처음부터 무리한 장기 대출을 받았다

주택 장기 대출로 파산한 사람이나 그 예정자들 중 다수는 주택 금융 공사(현 주택금융 지원기구)가 1993년부터 2000년에 걸쳐 판매한 여유 장기 대출을 이용한 사람들이다.

변제 초기에는 금리가 2%로, 갚는 돈이 적기 때문에 월세보다 저렴하다고 화제가 돼서, 첫 해에만 70만 건이나 계약이 성립되었다고 한다. 여유 장기 대출은 종신고용과 정기승진을 전제로 만든 것이기 때문에 최초 변제액은 적지만 6년째와 11년째부터 변제액이 늘어나게 된다. 예상보다 자녀들의 교육비를 더 지출했다거나 회사의 경영상태가 어려워져 매달 갚는 금액을 줄이거나 기간을 늘리게 되기 때문에 노후 파산의 원흉이 되고 있다.

### ◉ 예기치 않은 구조조정이나 임금 삭감

성과주의 도입, 내 힘으로 어쩔 수 없는 경기 동향, 회사의 경영상태가 어려워져 돌연 수입이 감소하거나 직장을 잃게 되는 사례도 많다.

### ◉ 병이나 이혼, 개호를 위한 퇴사가 원인

주택을 살 때는 생각하지 못했던 사태이지만 누구에게나 닥칠 수 있는 인생의 사고이다. 저금해둔 돈이 바닥을 드러내고 수입이 갑자기 끊기면 장기 대출금을 갚을 수 없게 된다.

### ◉ 예상하지 못한 퇴직금 감소

다카하시 대표는 정년퇴직으로 장기 대출 파산에 이르는 것이 앞으로 큰 사회문제가 될 것이라 지적한다. 주택 장기 대출 이용자의 대부분은 퇴직금을 받아 한꺼번에 갚겠다는 생각을 하고 있다. 하지만 생각한 것보다 퇴직금이 적거나 개인형 확정 갹출연금운용에 실패하거나 연금액이 생각보다 적은 것을 깨닫고 퇴직금을 노후의 생활비용으로 돌려버려 장기 대출 변제 계획에 차질을 빚는 사례가 매우 많다고 한다.

---

## '저금리 장기 대출 파산'이 증가하고 있다!?

애당초, 내 집을 소유하는 일이 행복한 것일까.

다카하시 대표와 필자는 몇 차례나 이에 대한 이야기를 나눴다. 특히 전쟁 후 베이비붐 세대 이후의 사람들이 내 집 마련에 강한 집착을 갖는다는 사실을 30대의 다카하시 대표는 실감하고 있다

1970년대 '주택 주사위 놀이'라는 말이 유행했다. 처음 주사위 판이 출발하는 곳은 '임대아파트', 결혼한 뒤에는 '패밀리 타입의 임대맨션', 거기에서 선금을 저축해 분양맨션을 구입한다. 구입한 맨션의 값이 오를 것이라는 전제 아래 그 맨션을 팔아 정원이 딸린 일층 집을 산다. 이 집의 값이 또 오른다. 1980년대 후반까지의 행복한 생활은 확실히 이런 모습이었다. 필자의 부친(70대 후반) 역시 '집을 가져야 인생에 보람이 있다, 내 집 마련은 꿈과 같다'는 말을 항상 입버릇처럼 했다. 지금도 변함없이 국가의 주택 정책도 집을 갖는 것을 장려하고 있다.

하지만 시대가 변했다. 평생 같은 회사에 다니며 수입도 해가 갈수록 늘어날 것이라는 인생 설계는 애당초 성립할 수 없다. 그럼에도 주택 장기 대출을 받으면 20~30년이라는 긴 기간 동안 계속해서 갚아 나가야 한다.

"저금리 시대인 이때야말로 집을 사지 않으면 손해라는 선전에 넘어가 장기 대출을 받은 저소득층 젊은이들이 매우 걱정스럽습니다. 언젠가 저금리 장기 대출 파산이 사회문제가 되는 것이 아닐지 불안합니다."

한 평생 임금의 대부분을 쏟아 부으면 내 집을 마련할 수 있

었던 시대와 달리 연 수입 400만 엔으로 내 집을 마련한다는 것은 여간 어려운 일이 아니다. 정부의 내 집 마련 추진 정책이 장기 대출 지옥이나 파산자를 만들어 내고 있다고 말할 수 있지 않을까. 젊은이들의 주택 정책은 매우 긴급한 과제다.

"어떻게든 집을 사고 싶다면 자신이 설계한 인생 중 몇 십년 동안이나 장기 대출금을 갚아 나갈 수 있을 것인지 꼭 생각해봐야 합니다."

그래도 꼭 집을 사고 싶다면 가능한 한 많은 선금을 지불하라고 다카하시 대표는 권한다.

"이상적인 방법은 물건 가격의 반 정도를 미리 지불하는 것입니다. 적어도 20%는 지불해야 합니다. 그리고 매달 갚는 변제액이 월수입의 20%를 넘지 않도록 해야 합니다. 35%를 넘어가면 위험합니다. 그럴 경우엔 매각을 검토하는 등 바로 대책을 세울 필요가 있습니다."

불행히도 장기 대출 변제에 허덕이게 되면 앞에서 소개한 야마모토 씨의 사례처럼 임의매각이란 방법도 있다. 일찌감치 준비하면 경매보다도 더 비싸게 팔릴 가능성이 있다. 이사비용을 건지는 경우도 있고 무엇보다도 집에서 강제로 쫓겨나는 경매보다 정신적인 충격이 덜하다.

## 주택 장기 대출 위험도 진단

☐ 저금이 거의 없다.

☐ 집을 샀을 때와 다른 일을 한다.

☐ 집을 샀을 때보다 연봉이 줄었다.

☐ 구입할 때 지불한 선금이 부동산 가격의 10% 이하거나 또는 아예 없다.

☐ 은행은 부동산 회사가 추천해준 은행에서 돈을 빌렸다.(자신이 직접 비교 검토 해보지 않았다)

☐ 매달 수입이 불안정하다.(많을 때와 적을 때의 차이가 10만 엔 이상 된다)

☐ 주택 장기 대출 외에도 빚이 있다.(카드 대출, 소비자 금융 등)

☐ 위급한 상황에 처해도 돈을 빌릴 수 있는 사람이 없다.(부모, 형제의 지원 등)

☐ 지금 집을 팔아도 빚이 수백 만 엔 이상 남는다.

☐ 매달 갚는 변제액 가운데 얼마가 원금이고 얼마가 이자인지를 모른다.

0~2개 대체로 안전 / 3~5개 위험한 징후 / 6~7개 위험 / 8~10개 극히 위험

출처 : 전일본 임의매각 지원협회 홈페이지


## 파산을 막기 위해 50대에 반드시 해둬야 할 것

주택 장기 대출로 노후에 파산하지 않기 위해 50대에 어떤 일을 해두어야 할까. 파이낸셜 플래너인 후카다 아키에 씨는 말한다.

"60세까지 주택 장기 대출금을 다 갚을 수 있을지에 따라 노후의 편안한 삶이 결정됩니다. 퇴직금으로 한꺼번에 다 갚아버리면 된다고 안일하게 생각하는 사람이 적지 않은데, 퇴직금은 연금생활을 보내기 위한 귀중한 자산으로 가능하면 전부 사용하지 말고 남겨둬야 합니다."

60세와 65세에 '수입 감소 절벽'이 두 차례 있다는 것을 염두해둬야 한다. 60세까지 800만~1000만 엔의 수입을 얻었던 사람도 은퇴할 나이가 되어 재고용되거나 촉탁직으로 계약이 변경되면 수입이 300만 엔 정도까지 줄어드는 경우가 드물지 않다. 이것이 첫 번째 절벽이다. 두 번째 절벽은 연금생활을 시작하면서 찾아온다. 65세 부부의 경우 연금은 2명 다 합해 한 달에 약 20만 엔 전후인 경우가 많다. 그런데 매월 10만 엔 이상의 대출금을 갚아 나가야 하니 가계가 매우 빈궁해지는 것이다.

60세를 넘기면서 찾아오는 이 2개의 절벽에서 굴러떨어지지 않기 위해서는, 주택 장기 대출금은 60세 전까지 다 갚는 것이 이상적이라고 할 수 있다. 하지만 그렇게 하기 힘든 사람들도 있을 것이다. 완전히 다 갚을 수는 없어도, 60세가 될 때까지 남은 채무금을 500만 엔 정도로 낮출 수 있게 해야 한다고 후카다 씨는 충고한다. 그러기 위해서는 50대일 때 남은 대출 금액이 얼마나 되는지 파악해두자.

"우선은 60세가 됐을 때 대출 잔고가 어느 정도 남아 있게 될지 확인해봅시다. 완전히 갚는 것이 몇 살 때인지는 알고 있어도, 60세가 됐을 때 남은 빚이 어느 정도인지는 모르는 사람도 꽤 많습니다."

변동 금리의 경우, 금리가 확정될 때까지의 변제 예정액 밖에 알 수 없기 때문에 60세 무렵의 잔고를 은행에 계산해 달라고 부탁하면 된다. 60세에 남아 있는 빚이 얼마인지 알았다면 변제 계획을 다시 세우자. 첫 번째 요령은 예정보다 대출금의 일부를 좀 일찍 갚는 것이다.

이렇게 하면 매월 내는 대출액이 줄어든다. '변제액 경감형'도 있지만 50대가 이용해야 하는 것은 변제기간을 단축시키는 '기간 단축형'이다. 하지만 너무 무리하면 빈곤에 시달릴 위험이 있으므로 주의가 필요하다.

"자녀가 진학할 때 학비를 마련할 수 없게 되거나, 병에 걸려 생각지 못한 지출이 생겼을 때 여유가 없으면 막막해집니다. 50대에는 노후를 대비해서 저축액을 늘리면서 장기 대출금 규모를 줄이는 것이 매우 중요합니다. 대략적으로 말하면 1년 동안 모을 수 있는 금액 중 대출금의 일부를 미리 갚는 데 쓸 수 있는 금액을 절반 정도까지로 정합니다. 예를 들면 1년에 180만 엔을 저축할 수 있다면 대출금을 갚는 데 쓰는 돈은 90만 엔 정도까지가 상한선이라고 볼 수 있습니다."

두 번째 요령은 '바꿔타기'. 주택 장기 대출 상품이 넘쳐나는 시대이기 때문에 잘 찾아보면 현재 받은 장기 대출보다 더 낮은 금리의 상품이 있을 가능성이 높다. 단 '바꿔타기'로 변제액이 줄어들 수 있을지는 금리 차이나 남은 대출금의 변제기간에 따라 다르다. 바꿔타기로 이득을 볼 수 있는 사람은 첫째, 지금 이용하고 있는 장기 대출과 바꿔 탈 장기 대출의 금리 차이가

0.7~0.8% 이상이 되어야 한다. 둘째, 남은 채무액이 1000만 엔 이상이어야 한다. 셋째, 변제기간이 10년 이상이어야 한다. 이 세 가지 조건 중에 들어맞는 것이 있다면 바꿔타기로 이자를 낮출 수 있을 것이다.

바꿔타기를 할 때 지금 이용하는 장기 대출보다 변제기간을 단축할 수 있도록 은행에 계산을 부탁하면 좋다. 예를 들어 지금의 장기 대출금을 완제하는 시기가 70세라면, 65세나 63세 등 완제 연령이 60에 가까워지도록 목표를 세우자. 바꿔타기에는 사무 수수료, 보증금, 등기 비용 등의 제반 비용이 들어간다. 그런 비용들을 고려해도 부담 경감 효과가 있을지 은행에 비용을 산출해 달라고 하자.

세 번째 요령은 '금리 교섭'이다. 현재 장기 대출을 받고 있는 은행에 금리를 낮춰줄 수 없을지 교섭해본다. 교섭에 성공하면 다른 은행으로 바꿔탈 때 들게 되는 여러 비용들을 쓰지 않아도 된다.

아울러 가계를 다시 세우도록 하자. 노후를 생각해 돈을 모으는 것은 60세까지이다. 보너스로 매월 발생하는 적자를 메워 나가고 있다면 당장 그만두도록 하자. 그리고 전업주부라면 일을 시작해야 한다.

_도고 노리코(藤後野里子)

# '눈 감을 인생의 보금자리'가
## _____ 노후를 망친다

### 장기 대출금을 완전히 갚아도 관리비를 못 낸다

내 집이 임대보다 낫다고 생각하는 한 가지 이유는, 주택 대출을 다 갚고 나면 집이 온전히 내 것이 되기 때문이다. 하지만 연간 1500건 이상의 주택 관련 상담을 받고 있는 '전일본 임의매각 지원 협회'의 미네모토 류 부장은 이렇게 말한다.

"오랫동안 지불해온 장기 대출에서 해방됐어도, 맨션의 관리비나 수선적립금(분양 맨션에서 공용부분의 대규모 수선 및 공사를 위해 적립해놓는 것-옮긴이), 고정재산세 등의 세금은 부동산을 소유하고 있는 한 계속 내야 하는 항목들입니다. 모델 하우스를 보고 들뜬 마음에 구입할 때 완전히 내 집이 된 후의 유지비까지 계산해보고 맨션을 사는 사람은 드뭅니다. 그래서 연금생활을 시작한 후 그러한 비용들을 따로 낼 수 없어서 곤궁해지는 사람들이 많이 늘어나고 있습니다."

이 협회의 홈페이지 항목 중, 검색 건수가 가장 많은 것이 '맨션 관리비 체납'이다. 관리비나 수선적립금은 맨션의 공동 사용 부분(엘리베이터, 급배수관 등)의 유지 관리나 광열비, 장래 대규모 보수 수선의 밑돈으로 쓰기 위해 적립하는 돈이다. 장기간 체납하는 사람이 나오면 맨션 전체가 낡고 노후되기 때문에 엄격하게 징수하는 관리 조합이 늘고 있다. 공동주택의 관리비를 내지 못했던 기쿠타 마이코 씨(66세, 가명)의 예를 들어보겠다.

기쿠타 씨가 염원하던 내 집을 손에 넣게 된 것은 4년 전, 62세 때였다. 암으로 세상을 떠난 친아버지의 유품을 정리하다가 아버지가 자신을 위해 남겨둔 저금을 발견했다. 기쿠타 씨는 아버지에게 감사하면서 도쿄 서부 단지에 집 한 채를 550만엔에 구입했다고 한다.

지은 지 약 30년 된 방 2개에 거실과 욕실, 부엌이 딸린 집이었다. 새 집은 아니었지만 60대가 돼서 처음으로 월세를 내지 않고 내 집에 살 수 있게 된 것이 기뻤다. 기쿠타 씨는 운송업을 하는 5살 연상의 남편과 둘이 살고 있었다. 기쿠타 씨도 마트에서 아르바이트를 하며 가계에 보탬이 되었다. 월세를 안 내면 생활에 여유가 있을 거라는 생각에 두 사람은 기뻤다. 하지만 새로 이사를 간지 얼마 안 돼, 남편의 당뇨병이 악화됐고 입원과 퇴원을 반복하면서 직장을 그만둘 수밖에 없어졌다.

수입은 기쿠타 씨가 아르바이트로 일하는 돈과 남편의 국민연금을 합쳐 월 10만 엔 남짓이었다. 거기에서 의료비로 약 3만 엔을 내고 나면 생활은 빠듯했다. 단지의 관리비나 세금은 도저히 낼 수가 없었다.

아르바이트를 끝내거나 장을 보고 돌아오면 관리인이 마치 기다리고 있었다는 듯 체납된 관리비를 내라며 독촉해왔다. 우편함에 편지를 넣어놓은 경우도 있고, 집까지 찾아올 때도 있었다. 3년 정도가 지나자 관리비 체납액은 40만 엔, 고정자산세 등의 세금은 100만 엔까지 불어났다. 2015년 7월, 한 달 안에 완전히 갚지 못하면 변호사와 상의해 경매로 넘기겠다는 통지문을 받았다. 기쿠타 씨는 지푸라기라도 잡는 심정으로 인터넷에서 본 일본 임의매각 지원 협회에 전화를 걸었다.

협회의 담당자가 기쿠타 씨와 관리조합 사이에 들어가 협상하여 임의매각으로 체납하고 있던 관리비를 청산할테니 경매 신청까지 기다려 달라고 제안한 결과, 다행히도 구입하겠다는 사람이 나와 임의매각으로 해결할 수 있었다. 기쿠타 씨 부부는 임대 맨션으로 이사했다.

"임의매각으로 체납된 관리비를 전액 갚을 수 있었고, 세금도 반 정도는 낼 수 있었습니다. 기쿠타 씨는 독촉에 시달리지 않

고 편하게 잘 수 있다며 기뻐했습니다."(협회 담당자)

국토 교통성의 맨션 종합 조사(2013년도)에 따르면 관리비 등을 체납하는 사례는 관리 조합의 약 37% 수준으로 발생하고 있다. 체납하지 않는 것이 제일 좋지만 어쩔 수 없이 체납하게 되거나 체납하게 될 것 같은 경우에는 어떻게 해야 할까. 미네모토 씨는 이렇게 충고한다.

"관리조합에 하나하나 모두 보고하시기 바랍니다. 언제쯤 지불할 수 있을지 계획을 전달하기만 해도 관리조합 입장에서는 대응하기 수월해지며, 최악의 경우(경매 신청)를 피할 수도 있습니다."

일반적으로 체납액이 10만 엔을 넘으면 통상적으로의 지불이 어려워지며, 고액체납자가 될 위험이 있다고 한다.

"체납액이 늘어나고 있는 사람은 일찍 매각을 검토하시기 바랍니다. 체납된 맨션 관리비는 구입자에게 승계되기 때문에 사는 사람이 관리조합에 지불해야만 합니다. 때문에 큰 맘 먹고 매각하려고 해도, 체납액이 많으면 구입희망자가 나오지 않는 경우도 있습니다."(미네모토 씨)

이미 경매를 신청했어도 임의매각이 가능하다. 매각 대금을 체납한 관리비로 충당할 수 있는 경우도 있다. 또 이사 비용을 마련할 수도 있다. 단, 관리조합으로부터 경매에 드는 여러 가지 비용이나 변호사 비용을 청구받게 되므로 경매를 당하기 전에 매각하는 것이 바람직하다.

## 점점 오르는 수선적립금

지은 지 20년이 넘어가면 맨션은 외벽을 수선하거나 옥상방수 시설을 강화하는 등 대규모 수선이 필요해진다. 이런 공사에 대비해 관리비와는 별도로, 살고 있는 주민(구분 소유자, 분양 맨션의 한 집을 소유하고 있는 사람 등 구분 소유권을 가진 사람-옮긴이)들이 매월 적립하고 있는 것이 수선적립금이다. 적립금만 가지고는 충분한 비용을 댈 수 없어서 적립금을 올리거나 일시금을 징수하는 맨션도 있다.

5년 전 부인이 사망한 후 맨션에 혼자 살고 있는 구니모토 신지 씨(65세, 가명)는 부인의 입원비나 수술비로 지출이 컸던 데다 주택 대출을 미리 갚아두었기 때문에 저금이 바닥났다. 거기에 맨션이 낡고 노후하는 바람에 수선적립금까지 올랐다.

"당초에는 월 1만 4000엔이었던 것이 2만 5000엔으로 오르니 지불할 수 없게 된 것입니다. 2년 가까이 체납했더니 연체금을 합쳐 110만 엔이나 됐다고 합니다."(미네모토 씨)

구니모토 씨도 마침내 집이 경매에 들어간다는 통보를 받았다.

"부인과의 추억이 깃든 집이었지만 빨리 임의매각을 신청해서 경매를 피할 수 있었습니다. 주택을 판매하는 회사는 초기에 수선적립금을 아주 낮게 설정하는 일이 많기 때문에, 맨션을 구입할 때는 노후에 일하지 못하게 됐을 때 내 집에 얼마나 많은 비용이 들어갈지 철저히 파악해두는 것이 중요합니다."(미네모토 씨)

## 부모가 남긴 중고 맨션 때문에 고통받는 사람들

"부모가 남겨준 집이나 맨션을 처분하고 싶어요."

유품 정리업계의 개척자라고 할 수 있는 '키퍼즈(Keepers)'의 대표 요시다 다이치 씨에게 10년 쯤 전부터 이와 같은 상담을 하는 사람들이 밀려들기 시작했다고 한다.

"예전에는 부모가 부동산을 남겨주면 '자산'이라며 감사해했지만 부동산 신화가 붕괴된 지금은 팔 수도 없고 임대를 놓을 수도 없어서 부담거리로 전락했습니다."(요시다 대표)

부동산을 물려받은 자식도 자신의 주택 장기 대출금을 갚고 있거나 교육비 등을 지출하고 있어 가계에 여유가 없다. 거기에다 살지도 않는 집에 대한 고정자산세나 관리비가 얹혀져 '노후 파산 예비군'이 되어버린다고 한다. 요시다 대표는 3년 전 택지건물거래업 면허를 취득해 부동산 사업에도 손을 대게 됐다. 이런 사례도 있었다.

대기업에 근무하면서 도쿄에 있는 분양 맨션에 사는 시노하라 다쿠미 씨(48세, 가명)의 아버지는 반 년 전 돌아가셨는데 관동 근교에 지은 지 35년 된 맨션을 물려주었다. 아버지는 홀로 생활하다 자식에게 맨션과 약 200만 엔 정도의 현금을 남기고 세상을 뜬 것이다.

요시다 대표에게 유품 정리를 맡긴 시노하라 씨는 부동산도 팔아버리고 싶다고 상담했지만 그의 아버지가 남긴 맨션은 1981년 이전에 생긴 건물로 옛날 내진 기준에 따라 지어져 있었다. 엘리베이터도 없는 4층짜리 건물로 가격을 내기 위해 요시다 대표가 같은 맨션의 매매상황을 조사해봤더니 방 2개에 거실과 욕실, 주방이 포함된 300만 엔 전후의 물건은 몇 개 있었지만 지난해 전혀 거래되지 않은 상황이었다. 임대로 내놓는 방향도 검토해봤지만 리폼을 하는 비용만도 200만 엔 이상 들어가고 금방 들어올 사람이 있다는 보장도 없었다.

팔거나 임대를 놓을 수도 없는 정도로 끝나면 다행이지만 고정자산세나 관리비, 수선적립금이 매월 발생하게 된다. 게다가 해당 맨션은 가구 수도 얼마 되지 않아 한 집당 부담이 커져 관리비나 수선적립금 이 두 가지만 해도 월 4만 엔이나 내야 했다.

"연간 48만 엔 고정자산세를 포함해 1년에 50만 엔 이상의 유지비가 들어갑니다. 시노하라 씨의 아버지가 남겨주신 예금 200만 엔도 상속 후 6년에 걸쳐 모두 써버렸지요."

월 4만 엔이면 10년 후에는 480만 엔, 30년이면 1440만 엔이 된다. 시노하라 씨처럼 많은 사람들이 상속 후에 매각이나 임대로 수입을 얻을 수 있다고 굳게 믿고 있다. 하지만 현실적으로 자산 가치가 있는 것은 도심의 극히 일부 물건에 지나지 않는다.

"세금이나 관리비만 지출하게 만드는 '돈 먹는 벌레'로 전락해 부채를 떠안게 만들고, 자기가 구입한 주택 장기 대출금이나 자녀 교육비 장기 대출에 쫓겨 '변제 개미지옥'에 빠지는 경우가 매우 늘고 있습니다."

부담만 가중시키는 부동산 때문에 울지 않으려면 예습과 대책이 필요하다.

"상속받을 가능성이 있는 부동산의 가치를 파악해두어야 합니다. 또, 부모님을 설득할 수 있다면 일찌감치 매각을 생각해 부모님이 그나마 건강하실 때 임대로 옮겨 생활할 수 있도록 하는 등 손을 써둬야 합니다."

상속을 받은 경우에도 상속 사실을 알게된 후 3개월 이내라면 상속포기 절차를 재판소에 신청할 수 있다.

## 밀려오는 '고령화', '노후화'로 관리조합도 큰 위기

지금까지 이야기한 것처럼 '눈 감을 인생의 보금자리'를 마련하고 싶다는 마음이 오히려 노후를 망치는 결과를 가져오지 않게 하기 위해서는 대출 금리나 변제액은 물론 유지비나 세금도 고려해야 한다.

개인적으로 준비할 일은 물론, 맨션 주민 전체가 대처해야 할 문제들도 많이 있다. 주택 콘설턴트인 히라가 고이치 씨는 말한다.

"거주자의 고령화와 건물의 노후화. 이 두 가지 '노쇠'가 전국의 맨션에서 일어나고 있는 매우 심각한 문제입니다."

앞에서도 언급한 맨션 종합 조사에 따르면 전 세대에 걸쳐 세대주가 70세 이상인 호주의 비율은 1999년도에는 7.3%였지만 2013년에는 18.9%까지 증가했다. 또 세대주를 60세 이상까지 넓히면 이미 50.1% 그러니까 실로 두 집에 한 집 꼴인 셈이다. 히라가 씨는 맨션이 그야말로 일본사회의 축소판이라고 말한다.

게다가 이러한 주민의 노령화와 함께 거론되는 것이 건물의 노후화다.

"전국의 분양 맨션 약 600만 채 가운데, 지은 지 30년이 넘는 물건은 100만 채를 넘고 있고 지금도 연 10만 채 정도 규모로 늘어나고 있습니다."

주민의 고령화에 따라 관리조합에서도 일할 사람이 부족해 운영에 곤란을 겪고 있다. 관리비 체납도 계속돼 대규모로 수선하거나 건물을 고쳐 지으려 해도 진척이 되지 않고 그러다 보니 더욱 노후화가 진행되는 악순환이 벌어지고 있다.

건물이 낡을수록 사는 주민들도 고령이 되고 고독사가 발생할 가능성도 높아진다. 한 관리인은 맨션 내에서 고독사가 나오면 자산 가치에 영향을 주기 때문에 이러한 사실들이 밖으로 드러나기 어렵다고 말한다. 때문에 뒤늦은 대책을 세우게 되기 쉬운 것이다. 그래서 전국적으로 관리실에 열쇠를 맡기거나 거주자 대장을 만드는 맨션이 속출하고 있다. 하지만 개인 정보 유출 위험이 걸림돌이 되고 있다. 히라가 씨도 자신이 살고 있는 도쿄의 맨션에서 약 7년 전에 고독사가 발생한 뒤부터 주민들의 안부를 서로 확인하는 체제를 도입했던 경험이 있다.

"얼굴을 아는 정도였던 70대 독거여성이 사후 4~5일이 지난 뒤 발견된 적이 있는데, 우편함에 신문이 쌓여 있는 것을 이상하게 여긴 주민이 근처에 사는 동생에게 연락해 방을 열어봤더니 이미 죽어 있었다는 겁니다. 만약 정기적으로 안부를 확인하는 제도 같은 것이 있었다면 목숨을 구할 수 있지 않았을까. 그런 생각을 하니 안타까웠습니다."

2012년 도쿄가 운영하는 다치카와 시의 아파트에서 90대와 60대 모녀가 고독사 했다는 뉴스를 들은 후부터 히라가 씨는 행동을 취하기 시작했다. 가장 먼저 주민들의 정보를 수집하기 시작했다.

"몇 살 정도의 사람이 살고 있고, 독거세대가 얼마나 되는지 등 제일 먼저 현재 상황을 파악해야겠다는 생각을 했습니다. 설문조사 결과 전체 67세대 가운데 세대주의 연령이 60세가 넘는 독거세대가 10세대, 즉 10%를 훨씬 넘는다는 사실을 알게 됐습니다."

지은 지 40년 가까이 되는 맨션이기 때문에 핵가족화와 고령화가 동시에 진행되고 있었다. 이어서 60세 이상의 독거세대를 대상으로 안부 확인을 받고 싶은지 물었더니 회신해 준 9세대 가운데 5세대(55%)가 필요하다고 생각하고 있었다. 수요가 있겠다고 판단한 히라가 씨는 지자체에 있는 공적 안부 확인 서비스, 예를 들어 긴급할 때 통보해주는 시스템이나 고령자 안심콜, 배식 서비스 등에 관한 설명회를 열었다. 거기에 '안부 확인 서비스가 자기 부담이라도 이용하겠다', '조합 부담이라면 이용하겠다', '자료를 보고 싶다' 등의 항목을 넣어 조사한 결과 어느 항목에서도 적극적으로 이용하고 싶어 하는 사람이 많지 않았다. 결국 관리조합이 주도해 안부 확인 시스템을 도입하는 것은 불가능했다.

"제 개인적으로는 관리조합에서 안부 확인 서비스를 부담(보조)해주거나 뜻을 모아 '안부 확인 모임' 같은 것을 만들어보고 싶었지만, 그런 것은 개인적으로 마련해야 한다는 의견도 있고 해서 합의를 보지 못했습니다."

고독사는 이미 죽어버리고 나면 소용없다. 무관심 때문에 빈민가가 형성되도록 방치해둘 것인가, 아니면 개인 정보를 배려하면서 서로가 관심을 갖고 공동체를 유지해갈 것인가. 주민 한 사람 한 사람의 의식이 고독사를 막는 중요한 열쇠가 된다.

_도고 노리코(藤後野里子)

# 제3장

혼자 맞이하는 노후

# 저금이 바닥을 드러내는 공포
_____ 외톨이로 전락

## 풍요로운 노후는 어디에

싱크대에는 손을 씻는 비누나 음식물 그릇이 가지런히 놓여 있고, 찬장에는 조미료가 나란히 정리돼 있어 건실하고 검소하게 살아가고 있다는 걸 잘 알 수 있다.

2015년 8월 초 기온이 체온을 넘어서던 아주 더운 날, 요코하마에 사는 기다 게이코 씨(73세, 가명)의 집을 방문했다. 기다 씨는 지은 지 30년 가까이 된 맨션 1층에 혼자 살고 있었다. 조그만 부엌 테이블에 마주앉아 이야기를 나눴다. 기다 씨가 보여준 것은 연금 입금 통지서. 20대 무렵 10년 정도 회사에서 근무했던 시기가 있었는데 그때 가입한 후생연금과 자영업을 하면서 냈던 국민연금을 합치면 1년에 87만 7300엔, 한 달에 약 7만 엔의 연금으로 살아간다.

"이 적은 연금에서 개호 보험료가 공제되는데 4월, 6월에는 6000엔이었던 것이 8월에는 8020엔이 됐어요. 저는 개호보험 서비스를 받을 생각이 없으니 미리 빼지 말아 달라고 말하고 싶네요."

연금 입금 통지서를 몇 번이고 들여다보면서 기다 씨는 일만 하다 늙어온 자신의 반평생을 되돌아보았다. 25살에 결혼해서 두 명의 자녀를 낳았다. 남편은 전기 공사나 엘리베이터 설비 일을 했는데 석유파동 같은 경제 불황이 일어나면서 수입이 불안정했다. 기다 씨는 가사일을 부담하고 아이들을 키우면서 회사의 경리로 일했고 인터넷에서 의류 등을 판매하는 부업으로 가계를 지탱했다. 학원을 열어 아이들 공부를 가르쳤던 시기도 있었다. 일과 돈을 마련하는 데 지쳐 두 차례의 이혼을 경험하기도 했다. 몸을 혹사했기 때문에 30대에는 위궤양을 앓고 우울증과 자율신경 실조증, 심근경색 같은 병에 시달렸다.

"그게 뭐 대수일까 생각하며 마구잡이로 일을 계속해왔지만 수입이 끊겨 국민연금 보험료를 내지 못한 시기도 있었습니다. 그러다 보니 연금액이 이 정도 밖에는 안 되네요……."

약 7만 엔의 연금에서 월세로 5만 엔이 나간다. 2만 엔으로는 생활이 불가능해 간이보험을 헐어가면서 생활하고 있다.

"저축이 바닥을 드러내는 게 두렵습니다. 식비나 수도세, 전기세, 교통비 등 이것 저것해서 월 10만 엔이 나가고 있으니까요. 무릎과 허리가 아프지만 병원비가 없으니 그냥 참기만 하고 치료받으러 가질 못하고 있습니다. 자기들 살기에도 바쁜 아들, 딸에게 도와 달라는 말은 하고 싶지 않네요."

기다 씨가 지금 무엇보다 두렵게 생각하는 것은 병에 걸리지 않을까 하는 일이다. 때문에 먹는 것에 세심한 주의를 기울인다.

"유기농 채소를 쌀 때 사두었다가 손질을 해둡니다. 채소는 그냥 버리지 않고 알뜰히 다 먹어요. 마트에서 꼭 사는 것이 한 봉지에 20엔 하는 숙주나물입니다. 당근은 쌀 때 10개쯤 비닐봉지에 담긴 것을 사와서 큰 냄비에 한 번에 삶습니다. 1분만 삶아도 충분합니다. 식힌 다음에 조금씩 나누어 냉동한 뒤 샐러드를 해 먹을 때 씁니다.

유통기한이 임박해 40%나 할인해주는 '조림세트'를 3~4개 사서 먹고 싶을 때 요리해 먹는다. 밥은 한 번에 3일치 정도를 지어서 냉장고에 넣고, 3일째는 볶음밥이나 초밥을 해 먹는다. 제일 좋아하는 생선회는 특별 할인 가격으로 나올 때까지 기다린다.

"다랑어 같은 것을 쌀 때 사서 미림과 간장에 절여 흰 초밥에 올려 먹는데 정말 맛있어요."

그렇게 아끼고 아껴도 식비는 월 1만 5000엔 정도 든다. 테이블 위에는 건강에 관련된 책들이 쌓여 있었다.

"가장 절약하는 방법은 우선 병에 걸리지 않는 것이지요. 병원비와 약값으로 돈을 쓸 바에는 몸에 좋은 것을 먹거나 마시면서 병을 예방하는 것이 더 이득이지요. 면역력을 키워서 병에 걸리지 않도록 하는 것이 정말 중요하다고 생각해요."

오전에는 더워도 에어컨을 켜지 않고 목 주변에 얼음을 넣은 비닐 주머니를 두르며 참는다. 방안에 놓인 온도계와 습도계는 열사병에 걸리지 않도록 하기 위한 것이라고 한다.

"결국 병에 걸리게 되면 자식들만 고생시키는 거니까. 지금은 사회가 내 몸을 돌봐주지 않잖아요. 아이들이 둘 있지만 그 애들도 자기들 생활하는 데 빠듯하니까요."

## 열심히 일했는데, 왜 이런 걸까

빠듯한 생활을 하면서도 기다 씨는 사람을 사귀거나 취미생활에 드는 돈은 줄이고 싶지 않다고 생각한다.

"우울증을 앓았을 때 여러 약을 먹어봤지만 결국은 사람을 만나고 취미인 일본 무용을 하면서 스스로 기분 전환을 하도록 노력하는 편이 회복이 빨랐거든요. 그래서 지금도 사람을 만나는 비용 만큼은 어떻게 해서든 줄이지 않으려고 하고 있어요."

일본 무용 교실이 월 3000~4000엔. 노래방모임이 1회에 1000엔인데 이 돈도 쉽게 쓰기 어려워 고민하게 된다.

"하지만 '건강하고 문화적인 최저한의 생활'이 헌법에서 보장하고 있는 권리잖아요."

바자회 같은 곳에서 싸게 구입한 옷을 자신에게 맞게 고쳐 입는다.

"될 수 있으면 멋을 부리고 연극이나 여행도 가고 싶지만……. 분한 마음이 들어요. 하고 싶은 일에 쓸 수 있는 돈이 없다는게. 건강하고 밝게 살기 위해서는 필요하다고 생각하는데 말입니다."

그런 말을 하면서 기다 씨는 고개를 떨궜다. 생활하기에도 빠듯한 연금으로 개호 보험료나 의료 보험료가 미리 공제되고 그 액수도 계속 늘어난다. 기다 씨는 연금제도에 대해 이렇게 이야기한다.

"열심히 일해 연금 보험료를 납부했습니다. 그런데도 저출산에 고령화라고 해서 받는 돈이 줄어들고 지급 개시 연령도 올라간다니……. 가입했을 때 약속한 연금액이 줄어드는 건 이해할 수 없는 일입니다. 더 이상 줄어들면 생활할 수가 없습니다."

부엌 벽에는 일본 무용을 배우면서 찍은 사진이나 일과 관련된 자격 증명서가 붙어 있다. 열심히 살아온 하루하루가 눈앞에 보이는 듯 하다.

"아이들을 교육시키고 장사하고, 주택 장기 대출금을 갚는 데 급급해서 노후 생활은 상상할 겨를도 없었습니다. 정말로 열심히 일했으니 지금 이정도로 생활하는 거죠. 지금까지 내 인생은

뭐였을까. 가끔 허무하게 느껴져요."(기다 씨)

'1억 국민이 모두 중산층으로 사는 시대'라며 오늘보다 내일이 더 풍요로워질 것이라는 믿음을 가지고 살아온 세대다. 하지만 70~80대에 들어 "돈에 쪼들리라고는 상상도 못 했다", "노후가 이렇게 괴로울 줄이야……"라며 푸념하는 고령자를 몇 명이나 만났는지 모르겠다.

일본의 고령자 중 70%가 연금을 주 수입으로 생계를 이어가고 있다. 하지만 그 액수는 살아가기에 충분하다고는 말할 수 없다. 연금을 받는 사람의 절반 가까이가 월 10만 엔 미만으로 생활한다. 기초연금만 가지고 생활하는 사람 중 6만 엔 정도를 받는 사람이 약 40%, 3만 엔 이하가 약 20%정도이다.

세금이나 사회 보험료를 뺀 가처분 소득이 연 122만 엔이 안되는 세대의 비율을 '상대적 빈곤율'이라고 부른다. 2012년의 상대적 빈곤율은 혼자 사는 남성의 29.3%, 여성은 44.6%에 이른다('상대적 빈곤율 동향: 2006, 2009, 2012년', '아베 아야 빈곤통계' 홈페이지 2014년에서 발췌). 대략적으로 말하자면 남성은 3명중 1명, 여성은 2명 중 1명이 '빈곤'하다.

전국에서 생활보호를 받고 있는 가정은 2015년 10월 말을 시점으로 163만 2321세대. 이 가운데 65세 이상인 세대는 80만 2492세대로 전체의 약 49%를 점하며 최다를 기록하고 있다. 누구에게나 닥칠 수 있는 '노후 빈곤' 중에서도 독거여성의 극도로 곤궁한 삶이 특히 눈에 띈다.

## 점점 확대되는 고령자 빈곤

특히 혼자 사는 고령 여성의 빈곤한 삶이 눈에 띈다. 연금만 가지고는 살아갈 수 없어 70대가 된 후에도 일을 해야 하거나 생활보호를 받는다. 평론가인 히구치 게이코 씨는 이렇듯 빈곤한 고령 여성들의 등장을 10년 전부터 경고해왔다.

"여성의 경우, 애초부터 취직을 못 하거나 일을 해도 남녀의 임금 격차가 커서 가진 돈이 얼마 안 되고, 아이를 기르거나 나이 든 부모님을 돌보기 위해 어쩔 수 없이 회사를 그만두는 일이 많았습니다. 때문에 연금이 모자라 비참한 노후 생활을 보내는 빈곤 할머니들이 대량으로 발생하는 것입니다."

2013년 5월, UN 사회권 규약 위원회는 일본 정부에게 무(無)연금과 저(低)연금 또한 여성의 저연금에 관한 우려를 표명하고 최저보장 연금제도를 확립할 것을 권고했다.

2015년에는 전국 각지에서 고령자들이 "매크로 경제 슬라이드(연금 인상을 물가와 임금 인상보다 억제하는 것-옮긴이)는 그만둬라", "연금을 깎지 마라"며 들고 일어섰다. 연금제도 개선 등을 목표로 하는 전일본 연금자 조합이 일으킨 집단소송에서는 2015년 12월 말, 39개 도도부현에서(전국적으로) 3801명이 제소

했다. 국가가 2013년 10월부터 연금 지급액을 낮춘 것은 생존권 등을 보장한 헌법을 위반한 것이므로 감액 결정을 취소할 것을 요구한 것이다.

2015년 4월부터는 공적연금의 지급액을 물가 상승률보다 억제하는 매크로 경제 슬라이드가 시작됐다. 연금액은 인구감소나 평균수명의 증가를 반영해 매년 자동적으로 1%씩 삭감된다. 지금까지는 물가가 2% 오르면 연금액도 2% 올랐지만 이제는 1% 밖에 오르지 않게 되는 것이다. 연금액이 물가 상승에 따라 오르지 않고 실질적으로 줄어드는 셈이다.

"매크로 경제 슬라이드는 앞으로 30년에 걸쳐 계속될 것입니다. 낮은 연금을 받는 사람들을 포함해 일률적으로 적용되는 것이 특징으로, 특히 국민연금만으로 생활하는 사람들에게 큰 타격을 줍니다. 점점 더 생활이 궁핍해지게 되는 겁니다."(경제 저널리스트)

집단소송자 중 한 사람인 가나가와에 살고 있는 쓰유키 시게코 씨를 방문했다. 쓰유키 씨는 월 약 7만 엔의 연금으로 혼자 살고 있다. 건강한 목소리로 이야기하는 쓰유키 씨는 아무리 봐도 85세의 고령으로 보이지 않는다. 벌써 몇십 년이나 일기를 써오고 있는데 그날 일어났던 일이나 먹은 음식 등을 노트에 빼곡히 적어놓는다. 다진 참치 60g×2, 한입돈가스 4개에 379엔, 꼬치어묵 4개 198엔⋯⋯.

"일주일 식비는 1500~2000엔으로 정해놓았습니다. 그렇게 하지 않으면 생활할 수 없거든요. 하하하."

쓰유키 씨는 이야기를 한 후 꼭 웃음을 터뜨렸다. 밝고 건강한 모습이었다.

"여름에는 매실을 넣고 밥을 합니다. 그러면 잘 상하지 않아요."

그날 아침은 잔새우로 채소 튀김을 만들고, 일본식 신김치를 곁들여 매실밥을 지어 먹었다고 한다. 점심에는 토마토나 가지 등 채소를 중심으로 한 메뉴에 신경 쓰고 있다. 밤에는 소면 같은 가벼운 면류 중심으로 때운다.

"요쿠르트는 매일 식후에 먹습니다. 하지만 108엔에 500g 들어 있던 것이 400g으로 줄었어요. 어이가 없어 헛웃음이 나오네요. 꼬치어묵도 길이가 짧아지고 얇아졌습니다. 이제 먹을 게 못 되는군요. 하하하."

쓰유키 씨는 화장품 회사에서 세일즈 일을 하며 19년이나 소장을 맡았다. 66세에 은퇴했지만 쓰유키 씨가 일하던 화장품 회사는 후생연금에 가입하지 않았다. 19년 전에 죽은 남편의 군인연금과 유족연금을 합쳐 연 84만 엔을 받는다. 그리고 매년 100만 엔씩, 저축해놓은 것을 쓰고 있다고 한다. 복숭아가 놓인 남편의 제단을 바라보며 쓰유키 씨는 말했다.

"군인연금을 연 4회 받고 있는데 12월부터 3월까지 받지 못하는 기간에는 불안불안합니다. 관혼상제 등 그 기간에 큰돈을

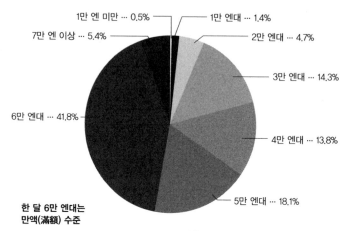

**노령기초연금 한 달 금액 분포**

1만 엔 미만 … 0.5%
7만 엔 이상 … 5.4%
1만 엔대 … 1.4%
2만 엔대 … 4.7%
3만 엔대 … 14.3%
6만 엔대 … 41.8%
4만 엔대 … 13.8%
5만 엔대 … 18.1%
한 달 6만 엔대는
만액(滿額) 수준

출처: 사회보장심의회 연금부회(2011년) 자료

쓸 일이 생기면 어쩌나 하고 말이죠."

## 비정규직 젊은이들도 머지않아

쓰유키 씨는 머리를 짧게 자르면 부지런히 손질을 해야 해서 오히려 미용실 비용이 많이 들기 때문에 어깨까지 내려오는 보브 스타일로 바꿨다고 이야기했다. 3개월에 5cm 정도 자랐을 때 1080엔 하는 미용실에서 자르면 경제적이라며 웃는다. 쓰유키 씨 역시 앞에서 이야기한 기다 씨의 경우처럼 식비를 많이 절약

한다.

"외식 같은 건 최근 몇 십 년 동안 해본 적이 없어요. 어딜 가든 도시락을 챙깁니다. 모임이 끝나고 친구들이 차나 한 잔 마시러 가자고 하면 미안하지만 나는 들어가봐야 된다며 거절했더니 이제 가자는 사람도 없어졌어요."

의료비를 한 푼도 쓰지 않겠다는 목표로 건강관리도 게을리하지 않는다. 아침 4시에 일어나서 7000~8000걸음을 걸은 뒤 6시 25~35분에는 라디오 체조를 한다. 이런 습관을 벌써 40년 이상 계속해오고 있다. 혈압도 매일 기록하고 있다.

"병이 들면 어떻게 살겠어요. 하하하."

전후(戰後) 일본의 사회보장은 1961년 확립한 '국민건강보험·국민연금'을 뼈대로 두고 있다. 그 기둥이 되는 국민연금은 노후에는 자식들과 함께 사는 것이 보통이던 시대에 만들어졌다. 혼자 사는 고령자가 이정도로 늘어나리라고는 예상하지 않았다. 가족과 함께 살고 돈은 용돈 정도만 있으면 살 수 있었던 시대와는 이미 멀어졌다. 만기까지 연금을 부어도 한 사람당 6만엔대 중반의 돈을 가지고는 생활이 불가능하다.

부부 2명이 함께 연금을 받으면 어떻게든 먹고 사는 문제를 해결할 수 있었는데 남편이 죽고 난 뒤 혼자 남으니 먹고 살기 힘들다고 말하는 80대 여성도 있었다. 20년 이상 보험료를 부었는데 25년을 채우지 못해 연금을 못 받는다고 말하는 사람도 있

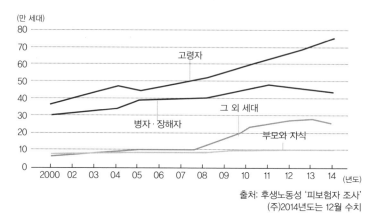

**'고령자 세대가 늘어나고 있다'**
**세대 유형별 피보호 세대 수(1개월 평균)**

출처: 후생노동성 '피보험자 조사'
(주)2014년도는 12월 수치

다. 이미 연금제도는 지금 시대에는 맞지 않는 것이 되어버렸다.

이대로 간다면 2050년 쯤의 일본에는 낮은 연금 밖에 받지 못하는 가난뱅이 노인들이 넘쳐날 것이라고 평론가 히구치 씨는 경고한다. 저소득으로 수입이 안정적이지 않은 비정규직 노동자가 전체의 40%에 달하고 있다.

현재의 가난한 노인 문제는 지금 일하고 있는 젊은 세대들의 문제이기도 하다. 하루라도 빨리 제대로 된 고용환경을 정비하지 않으면 안 될 것이다.

_도고 노리코(藤後野里子)

## 60세 이상의 70~80%가
## 생활보호 대상자
_____ *요코하마 고토부키 초 르포 1*

**여기는 일본 사회의 미래지도**

요코하마 고토부키 초. JR 이시키와초 역 북쪽 출구로 나와 차이나타운 거리와 반대쪽 방향으로 걸어가면 간이숙박소가 밀집해 있는 구역이 나타난다. 도쿄의 야마타니, 오사카의 가마가사키 (아이린 지구)와 함께 고도 경제 성장기를 지탱해온 일일 고용 노동자의 거리는 주민들의 고령화와 함께 복지 거리로 변모해 조용한 분위기를 풍기고 있다.

일일 고용 노동자들은 세월이 지나면서 대부분이 생활보호 수급자가 됐다. 6300여 명의 주민들 가운데 약 70%가 60세 이상의 고령자로 대부분 혼자 사는 남성이다. 주민의 약 85%가 생활보호를 받고 있다. 이곳에서는 휠체어 생활을 하거나 지팡이를 짚고 다니는 고령자들이 눈에 띈다. 도우미(도우미는 보통 청소나 세탁, 음식물 등 일상적인 가사를 제공하는 생활 원조와 밥 먹이기, 목욕시키기, 배설 돕기 등 직접 의뢰인의 신체에 접촉하면서 돕는 신체 개호의 2종류로 나뉜다-옮긴이)를 파견해주는 방문 개호사업소도 늘어나고 있다.

고토부키 지구의 간이숙박소를 방문했을 때 제일 먼저 놀란 점은 이 간이숙박소의 대부분이 아담한 철근 콘크리트 빌딩이라는 점이었다. 외견상으로는 보통의 집합 주택과 별반 다르지 않으며 그중에는 엘리베이터가 딸린 7층짜리 높은 빌딩도 있다.

간이숙박소는 1990년 후반부터 차츰 새로 지어지기 시작해 장해자이나 고령자들에게 불편함이 없도록 배리어 프리(장해자이나 고령자 등의 사회적 약자가 사회생활에 불편함이 없도록 물리적 장애나 정신적 장벽을 없애는 것-옮긴이) 개념을 도입한 새로운 설비를 갖춘 곳들이 늘어나면서 방의 숫자도 급증했다. 1989년 85채, 6158실이었던 것이 작년(2015년)에는 123채, 8598실까지 약 1.4배 증가했다.

면적은 어느 방이나 약 1~2평 사이이고 화장실이나 세면장은 공동이지만 각 방에는 냉난방시설이나 액정 TV가 갖춰져 있다. 여기에는 어떤 사람들이 살고 있을까. 몇몇 간이숙박소에 묵어봤다. 서양식이냐 일본식이냐를 제외하면 설비는 거의 비슷비

슷했다. 숙박요금은 1박에 약 2200엔이고 거의 균일가였다. 이 것이 생활보호의 주택 보조비의 상한가(약 7만 엔)를 감안한 액수라고 카운터에서 일하는 사람이 설명해주었다. 7만 엔을 1개월 30일로 나누면 약 2300엔으로, 보조비의 상한가에 가깝게 하루 요금을 설정해둔 간이숙박소가 많다는 것이다.

"복지 대상자들(생활보호 수급자)이기 때문에 방값을 받지 못하는 경우는 없습니다."(숙박업소 종업원)

요코하마 건강 복지국의 조사에 따르면 주택 보조비의 상한선에 가까운 숙박요금(2100~2300엔)을 받으며 운영하고 있는 숙박소는 1995년 4.2%에서 2014년에는 70.9%까지 늘었다고 앞서 말한 숙박업소 종업원이 설명했다.

"우리 사장님은 돈이 많아요. 간이숙박소에 사는 주민들이 모두 고객이니까요."

여러 채의 간이숙박소 건물을 경영하고 있는 재일 한국인 사장은 고급 외제차를 타고 다닌다고 했다. 고토부키 지구에 있는 간이숙박소 경영자 중에는 재일 한국인이나 조선인들이 많다.

앞으로 고령자가 늘어나고 생활보호 대상자도 늘어날 것이기 때문에 간이숙박소는 돈이 될 것이라고 종업원은 말한다.

고토부키 공원으로 저녁 바람을 쐬러 나온 간이숙박소 주민(64세, 남성)에게 이야기를 들어봤다. 낡아서 주름 자국이 없어진 바지에 누렇게 바랜 반소매 티셔츠를 입고 있는 이 남성은 한숨

섞인 목소리로 말했다.

"나가고 싶어도 나갈 수가 없어요."

고토부키에 온 지 3년 정도 되는 그는 이곳 간이숙박소에서 죽는 것 외엔 방법이 없다고 말한다.

"한 달에 7만 엔 가까이 되는 돈을 지불하고 있는데, 그 정도의 돈을 낼 바엔 아파트라도 빌리고 싶지만 보증을 서줄 사람이 없어 빌릴 수도 없고, 결국 우리만 이용당하고 있는 셈이죠."

하지만 오래 전부터 간이숙박소 생활을 해온 사람들 중에는 쾌적한 주거 환경 때문에 현재의 상황에 만족한다고 말하는 사람들도 있었다. 옛날과 달리 지금은 살기가 좋아졌다고 말하는 한 80세 남성은, 고토부키에서 50년 가까이 생활해왔다고 한다.

"옛날 간이숙박소는 참 심했죠. 술에 취한 이웃이 공용화장실까지 가지 않고 방에서 소변을 보기도 하고. 소변이 이쪽 방으로 새 들어오기도 했어요."

간이숙박소뿐만 아니라 거리 전체에 악취가 풍겨 냄새가 심했다고 한다.

"여기저기에 노상방뇨를 하는 놈들이 가득했지요. 술에 잔뜩 취해 오줌을 지리는 놈들도 있었어요. 술병이랑 컵라면 용기들이 거리에 나뒹굴어 다녔습니다."

## 이용자들의 과거는 천차만별

필자가 간이숙박소에 머물렀던 첫 날, 공용 부엌에서 전자레인지로 물을 끓이고 있던 한 남성이 "사람들에게 여기에 들어온 연유를 꼬치꼬치 묻지 말라"는 충고를 해줬다. 이곳 사람들 중 과거가 깨끗한 사람은 없다는 것이다. 60대로 보이는 이 남성은, 사람을 칼로 찌른 적이 있다고 했다. 형무소에서 오랫동안 복역했다는 말도 했다. 그리고는 필자의 말을 가로막으려는 듯 밥이나 먹겠다며 컵라면을 들고 자기 방으로 들어가버렸다.

간이숙박소 카운터에서 일하는 남성은 바로 얼마 전에 90대 남성이 요금을 체납하고 달아났다고 했다. 무허가 금융업자에게 돈이 필요한 사람을 소개해주고 그 보증인이 되면 1건당 3000엔을 받는다고 한다. 그런 일을 계속해 오다 야쿠자가 돈을 징수하러 오자 어디론가 달아났다고 한다. 이 90대 남성은 도대체 어디로 간 것일까.

고독사도 1년에 2~3건은 있다고 한다. 몇 년 전 여름 60대 중반의 남성이 방에서 목을 맸는데 일주일이 지난 뒤에나 발견했다. 종업원은 "녹아 내리고 있었다"는 말을 했다. 한 여름에 시신의 부패가 빨리 진행돼 체액이 흘러내리고 있었다는 뜻이다.

문을 연 순간부터 코를 찌르는 이상한 냄새가 나서 곧 문을 닫았다고 카운터 종업원은 말했다. 그 후부터 그는 손님들에게 매일 말을 거는 등 직접 안부를 확인하고 있다고 한다.

고독사 이야기를 듣고 있으니 간이숙박소에 사는 남성 1명이 카운터에 들러 어제 방에서 지네에게 물렸다는 이야기를 했다. 그는 엄지와 집게손가락을 벌리며 이렇게나 큰 놈이었다며 한숨을 짓는다.

"옆방에 사는 놈 탓이겠지. 지저분하니까."

남성이 가고 난 뒤 종업원은 "예민하다고 해야할까, 굉장히 꼼꼼한 사람인 것 같아요"라는 말을 했다. 자세한 이야기는 듣지 못했지만 어딘가 좋은 직장에서 일했던 사람 같다는 것이다.

종업원의 말에 따르면 지네에 물린 남성은 66세로 부동산 회사의 영업사원이었다. 회사에서 인간관계가 안 좋아진 것인지 자세히는 모르지만 어려움에 빠졌다고 한다.

"저 분, 분양 맨션의 모델 룸을 구경하러 가서 선불카드 같은 걸 받아오곤 하는데, 그러다 얼마 후에 맨션 판매회사에서 전화가 걸려옵니다. 구입 생각이 있느냐고 말입니다. 그럼 저는 간이 숙박소에 살고 있으니 사지 않을 거라고 말해줍니다."

종업원은 그렇게 말하면서 웃음을 지었다. 그리고 필자에게 주의하라고 말했다.

"방 자물쇠를 꼭 잠가둬야 합니다. 화장실을 갈 때도 말이죠. 여기에선 지갑을 훔치거나 도둑맞는 일이 자주 생기니까요."

고토부키의 명소인 고토부키 초 노동복지회관은 오락시설을 갖추고 있다. 액정 TV나 장기판이 구비되어 있어 주민들에게는 휴식의 장이 된다. 흡연실에서는 남성들이 의자에 앉아 담배를 피우고 있었다.

필자가 자리를 양보해준 74세 남성은 술과 담배가 유일한 삶의 보람이라 의사가 아무리 끊으라고 해도 끊을 수 없다는 말을 했다.

남성은 매달 약 14만 엔의 생활보호를 받고 있다. 고토부키의 간이숙박소에서 30년 정도 살았다고 한다. 간이숙박소 사용료를 지불하고 남는 7만 엔 정도의 돈은 대부분은 빌린 돈을 갚는 데 사라진다.

한 번에 1만 엔을 빌리면 10일 후에 갚아야 하는데 1만 3000 엔을 지불해야 한다. 변제 기일까지 다 갚고 나면 다시 1만 엔을 빌린다. 이런 상황이 반복된다고 한다.

"무허가 금융업이지만 그래도 그게 없으면 곤란하지요."

남성은 무허가 금융업자로부터는 간단히 돈을 빌릴 수 있다고 말한다. "이것하고 인감만 갖고 가면 되거든"이라고 말하며 '생활보호 결정 통지서'를 보여줬다. 요코하마 시 중구청의 공인(公印)이 찍혀 있었다.

"알콜 중독이라 술은 도저히 끊을 수가 없거든요. 물론 의사에게는 마시지 않는다고 거짓말을 하고 있지만요."

## 입욕 서비스가 제일 큰 기쁨

남성은 개호 2등급으로 월 4000엔 정도의 개호 보험료도 붓고 있다고 한다. 고토부키에 있는 개호사업자가 목욕을 할 때 도움을 준다고 한다. 이 지역에는 도우미의 개호 서비스를 받으며 목욕을 하는 사람들이 꽤 있다.

생활보호를 받으며 혼자 간이숙박소에서 생활하는 와타나베 씨(66세)도 그중 한 사람이다. 도우미가 없다면 자신은 아무것도 할 수 없다고 말한다. 양쪽 다리에 마비가 와서 혼자 걸을 수도 없어, 일주일에 4번 도우미가 방문해 방 청소를 해주거나 몸을 닦아주거나 옷도 갈아입혀준다고 한다.

도우미와 함께 와타나베 씨의 집을 방문해 방에 들어가봤다. 약 2평 정도 되는 방에는 침대가 놓여 있었다.

"어디든 손이 닿으니 이 정도 넓이가 딱 좋습니다."(와타나베 씨)

이 방에 산 지 벌써 7년이나 됐다고 한다. 말수가 적은 와타나베 씨지만 이 날은 매우 기분이 좋아보였다. 기다리고 기다리던 입욕 서비스를 받는 날이기 때문이다. 언제나처럼 몸을 닦는 것이 아니라 탕 안에 몸을 담글 수 있다.

도우미가 준비한 휠체어에 앉아 와타나베 씨가 향한 곳은 고토부키에 있는 다른 간이숙박소였다. 이 간이숙박소에는 개호가 필요한 사람을 위한 목욕실이 있어 마음껏 목욕을 즐길 수 있다.

욕실이 있는 간이숙박소는 고도부키에 2개밖에 없다고 한다. 와타나베 씨가 평소 생활하는 간이숙박소에는 동전을 넣고 이용하는 샤워실밖에 없다. 와타나베 씨는 여름이라 더 깔끔히 하고 싶다며 웃었다. 7일 만에 나서는 외출로 목소리도 들떠있었다.

와타나베 씨에게 개호 서비스를 제공하고 있는 것은 헬퍼 스테이션 고토부키(요코하마 복지 서비스 협회) 소속의 64세 여성 도우미이다. 도우미 경력 10년이 넘는 베테랑이다.

욕실 이용료는 1회 450엔으로 휠체어에 앉은 채 탈의실에 들어간다. 와타나베 씨의 옷을 벗겨주고 옆으로 쓰러지지 않도록 몸을 잡아주면서 함께 욕실로 들어갔다. 샴푸로 머리를 감기고 샤워용 비누로 몸을 씻긴 후 욕조로 옮긴다. 탕에 몸을 담근 와타나베 씨가 기분이 좋다는 말을 하며 얼굴을 활짝 편다. 도우미의 이마에서는 굵은 땀방울이 흘러내린다.

목욕하는 시간은 약 20분. 옷을 입고 깨끗하게 면도를 한 와타나베 씨는 턱을 쓰다듬으며 가볍게 숨을 내쉬었다.

상쾌한 마음으로 근처 편의점을 향했다. 술과 함께 먹겠다며 와타나베 씨는 오징어와 꽁치 정어리 통조림을 골랐다. 술을 좀 줄이라는 도우미의 말에 미소를 지으며 안 들리는 척한다. 편의점 안을 한 바퀴 돌며 담배 한 갑과 바나나 한 다발, 그리고 스포츠 신문 등을 샀다.

"날씨가 좋으니 잔뜩 널어놨네."

휠체어에 앉은 와타나베 씨가 간이숙박소 베란다에 널린 세탁물들을 올려다봤다. 티셔츠나 러닝셔츠 등 남성 속옷과 수건이 바람에 나부끼고 있었다.

**어머니에게 연락이요?**

**연락드려봤자 뾰족한 수가 없어요**

와타나베 씨는 29살 때 오사카에서 요코하마로 상경했다. 고향을 떠난 이유를 자세히 이야기하지 않았지만 이혼이 원인인 듯했다. 스포츠 신문 구인란에서 건설 현장 작업원 일을 찾았는데, 숙식을 제공한다는 말을 듣고 재빨리 요코하마로 왔다.

매일 쉴 새 없이 일하다가 버블 붕괴와 함께 찾아온 경제 불황에 일이 갑자기 줄어들었다. 일일 고용 노동자로 건설 현장에서 일을 얻었지만 머지않아 길거리로 나앉게 되었다. 그러다가 10년쯤 전 고토부키로 흘러들어오게 됐다. 그리고 얼마 후, 술을 마시고 길거리를 헤매다 갑자기 쓰러져 구급차에 실려 갔다. 말초신경을 다쳐 휠체어 신세가 되었다. 이젠 아무것도 못 한다면서 가늘게 야윈 두 다리를 보며 와타나베 씨는 중얼거렸다.

양복과 일용품이 잘 갖추어진 잡화점으로 향했다. 점포 앞에는 몇백 엔짜리 티셔츠가 진열되어 있었다. 성인용 기저귀를 사서 간이숙박소로 돌아왔다. 도우미가 청소해놓은 침대에 앉는다. 와타나베 씨는 생활보호 수급으로 휴대전화를 갖게 됐다. 연락할 사람도 없다고 말하지만 몇십 년 만에 오사카에 있는 어머니와 연락이 닿았다고 했다. 어머니는 병져 누우면서 개호시설로 들어갔다고 한다. 어버이날에 연락을 했다는 말 외에 그렇게 많은 이야기를 해주지 않았다.

도우미에게 고맙다는 인사를 하며 와타나베 씨는 지금 소원이 하나 있다면 어느 날 조용히 죽는 것이라고 했다. 주 4회 정도 도우미가 찾아와주니 죽으면 바로 발견해줄 거라며 쓴웃음을 짓는다. 2시간 반 정도로 개호 서비스가 끝났다. 도우미가 "건강하고, 힘내세요"라는 말을 건넨다.

도우미는 "고토부키는 가능한 피하고 싶었는데 어쩌다 이곳으로 파견되었다"라고 했다. 하지만 고토부키는 신기하게도 그대로 둘 수 없게 만드는 묘한 매력이 있다는 말도 했다.

인생이란 언제 어떻게 될지 모르는 것이다. 그런 생각이 도우미를 고토부키로 향하게 한다고 한다.

"사회와의 유대관계가 끊어져버린 사람들의 마음을 다독여주는 것은 꼭 필요한 일이라고 생각합니다. 개호 서비스를 하며 '함께 살아가자'는 말로 가까워질 수 있었으면 합니다."(와타나베 씨 도우미)

_가나자와 다쿠미(金澤 匠)

제3장 혼자 맞이하는 노후

# 직장을 잃고 사회와의 끈도 단절
_____ 요코하마 고토부키 초 르포 2

## 독거노인의 생활보호 거점으로

간이숙박소에 사는 사람들 중 대다수는 고도 경제 성장 시절 건설 현장 일선에서 도시 개발을 진행해왔던 사람들이다. 하지만 시대의 흐름과 함께 직업을 잃고 외톨이가 되어 도시 한 구석에서 생활하고 있다.

고토부키 초 주민들 중 많은 사람들은 고령에 빈곤이 겹쳐 생활보호를 받으며 살아가고 있다. 길 곳곳에 고령자들이 멍하니 서 있는 모습을 볼 수 있다. 얼굴이 벌개진 채 술이 든 컵을 손에 들고 있는 사람도 적지 않다. 쏟아지는 햇볕 아래 술에 취해 몸을 가누지 못하고 드러누워 있는 남성도 있다.

"이렇게 더워서야 참을 수가 있나."

땅바닥에 털썩 주저앉은 남성은 거품이 나는 발포주를 들이키면서 연신 같은 말을 내뱉었다. 굵은 목소리로 투덜거리면서 길바닥에 침을 뱉는다. 동서로 약 300m, 남북으로 약 200m의 땅에 120칸 정도의 간이숙박소가 줄지어 선 고토부키 지구. 동전을 넣어 사용하는 샤워시설이나 세탁 건조기가 여기저기 설치되어 있고, 작은 식료품점이나 선술집도 줄지어 늘어서 있다.

술집을 들여다보면 주야를 불문하고 지긋하게 나이를 먹은 남성들이 떼를 지어 몰려와 맥주를 들이키며 담배를 피운다. 중간 크기의 맥주가 한 잔에 300엔, 김치는 200엔 등 가격은 저렴하다. 성난 듯 트로트를 열창하는 목소리가 가게 밖까지 들려온다.

길을 걷다보니 100명이 넘을 정도로 장사진을 이룬 긴 줄이 보였다. 종교단체에서 빵을 무료로 나눠주고 있는 곳이다. 남성들은 앞다투어 줄을 서서 더 달라고 아우성이다. 동전 샤워실에서 한 남성이 나온다. 속옷 안으로 문신이 보인다. 위법으로 운영되는 술집(경마나 놀음 등을 하는 사설 도박장)처럼 보이는 장소에도 무리를 지어 많은 사람들이 몰려 있다.

"처음에는 많이 놀랐지요."

어느 지원 단체 관계자(30대)가 이야기를 털어놓았다. 지금은 익숙해졌다면서 웃지만, 3년 전 간이숙박소 거리를 처음 방문했을 당시에는 거친 사람들이 가득한 인상에 몹시 기가 죽었었다고 한다.

"몸집이 큰 어른이 대낮부터 길 위에 쓰러져 있거나, 큰 소리를 내며 돌아다니기도 하고, 구급차나 순찰차가 돌아다니기도 했고요……."

간이숙박소에서 자는 노동자는 제일 많았을 때는 8000명 이상에 달했다고 한다. 하지만 항만 노동업계가 기계 도입을 늘리면서 1970년대 이후 구인은 급감하고 일자리를 얻지 못한 노동자는 건축 토목업에 취직을 했지만, 버블 붕괴 이후 그런 일자리조차 줄어들었다.

"일이 없어요. 전혀 없습니다. 옛날과는 달라요."

남성들은 입을 모아 그렇게 말한다. 요코하마 고토부키 초는 일본의 3대 고용 장소(일일 고용 노동시장)로 알려져왔지만 지금은 그 기능을 거의 잃어버렸다.

7월 하순, 평일 오전 5시가 지나 이 거리의 명소가 된 고토부키 초 노동복지회관을 방문했다. 복지회관은 1974년 9월에 준공한 낡은 건물이다. 1층에서 3층까지 일일 고용 노동자를 위한 시설이 마련되어 있고 4층부터 9층까지는 시영주택이다. 1층에는 공적 직업소개소인 '노동센터'가 있어 주변에 30명 정도의 남성들이 모여 있었다.

센터에는 아침 6시 15분부터 구인 광고가 걸리지만 이 날 문을 연 곳은 7개 창구 중 하나 뿐이었다. 구인광고를 보려고 몰려든 남성들이 천천히 정보를 살펴본다. 토목작업을 해줄 사람을 1명 구한다는 구인이 단 2건 뿐이었다. '아아, 젠장'하고 누군가 투덜대니 모두 웃음을 터뜨렸다. 한 남성에게 물어봤더니 과중노동이라 이런 더위에 저런 일을 하다가는 죽는다는 말을 했다.

"당신도 한번 해보면 알 겁니다"라고 말하고 한 남성이 웃으며 모습을 감췄다.

## 빨리 저승사자가 나타났으면

일자리를 얻을 수 있는 방법은 소개소 외에도 있다. 수배사(주로 불안정한 고용 상태에 있는 사람들을 대상으로 일자리를 소개해주고 수수료를 떼는 사람-옮긴이)처럼 보이는 남성들이 주위의 몇몇 사람들에게 말을 걸고 있었다. 하지만 이야기가 잘되지 않은 듯 잠시 후 자전거나 차를 타고 어디론가 사라졌다. 수배사와 이야기를 주고받던 남성에게 물었더니 10일 정도 지방에서 일을 해야 한다는 이야기를 들었다고 했다. 하지만 그 이상은 말해주지 않았다. 담배를 물고 잰걸음으로 사라졌다.

"후쿠시마 아니야?" 바닥에 앉아 있는 남성이 술을 마시며 웃었다. 동일본 대지진 피해지를 '정리'하는 작업이 가끔씩 있다고 한다. 자세히 물어보려 했더니 "나한테는 물어보지 않아. 이런 모양이니까"라며 캔에 든 술을 다 마셔버린다. 캔을 든 오른손이 떨리고 있었다.

하지만 일일 고용 노동자들을 쓸 일이 완전히 없는 것은 아니다. 극히 일부의 남성들은 개인적인 연줄로 일을 하고 있다. 요령을 가진 숙련 노동자만이 어떻게든 일을 얻고 있는 것이다.

애당초 아침 일찍부터 고토부키 초 종합 노동복지회관에 모였던 남성들은 일거리를 찾는 사람들처럼 보이지는 않았다. 대부분이 이미 술을 한 잔 걸친 상태였다. 많은 주민들이 새벽에 이곳을 찾지만, 단지 오랜 습관에 지나지 않으며 지인들과 이야기를 나누는 것이 목적이라고 한다. 필자가 한 달 정도 고토부키 초를 돌아다니는 동안 주민들은 직업 소개소가 문을 열지 않는 주말에도 매일 아침마다 몰려다니고 있었다.

사회복지관에는 직업 소개소 외에도 오락실이나 도서실, 공중 목욕탕이 있다. 오락실에는 30명 정도의 남성들이 모여 한 대뿐인 TV를 보거나 장기나 바둑을 두고 있었다. 모두가 고령자들이다. 얼굴과 손에 주름이 깊다. 개인 소지품을 넣은 손가방을 끌어안고 멍한 눈으로 앉아 있는 남성들도 보인다.

"이제 데리러 올 날만 기다리고 있지."

한 80세 남성이 말한다. 할 일이 없어서 매일 이 부근을 어슬렁거리고 있다며 중얼댄다. 이 남성은 치바 현 노다 시 출신으로, 집이 가난해 태평양 전쟁이 끝난 9살 때부터 학교에도 다니지 않았다. 부모는 남성이 12살, 13살 때 모두 돌아가셨다. 16살 무렵부터 전국 각지에 있는 건설 노동자 합숙소를 떠돌았다.

"읽고 쓰는 걸 못하니 할 수 있는 일이 별로 없었지."

지인에게 이끌려 요코하마까지 오게 됐고, 건축이나 토목 현장 같은 곳에서 일해왔다. 고토부키에서 살기 시작한 지 20년 이상 됐다고 한다. 10년 전부터 생활보호를 받고 있다. 매달 받는 14만 엔 중 7만 엔 정도를 지금 살고 있는 간이숙박소에 내고, 나머지 7만 엔으로 생활한다.

"술, 담배도 안하고 도박도 안 하지만 매월 사는 것이 빠듯해. 아무것도 할 수 있는 게 없어. 빨리 저승사자가 나타났으면 좋겠다는 생각뿐이지."

그에게는 10살 위인 형이 하나 있지만 일찌감치 세상을 떠났다. 형도 자기처럼 일일 고용 노동자로 전국 각지를 전전했다고 한다. 형제 모두 결혼도 하지 못했고 자녀도 없다. 죽으면 무연고 묘가 될 것이라며 부모도 형도 어디에 묻혀 있는지 모른다고 했다.

앞서도 언급한 것처럼 고토부키 초는 노동자의 거리에서 생활보호를 받는 고령자의 거리로 변하고 있다. 생활보호 수급자는 5301명(2014년 11월 시점)으로 전 숙박자의 약 85%를 점하고 있다. 1990년대 중반부터 생활보호 수급자가 급증하고 있는 것은 요코하마가 간이숙박소에 살고 있는 사람들에게 생활보호 신청을 할 수 있도록 인정해주고 있기 때문이다. 하지만 그 가운데는 간이숙박소에 살고 있지 않은 노숙자도 있다.

"귀찮아. 이것도 저것도."

55세의 남성이 말했다. 길거리 생활 3년째. 아버지의 직업을 이어받아 다다미 만드는 일을 했지만 기계화를 이용한 대기업들의 진출에 밀려 영세업자는 살아갈 수 없게 됐다고 한다. 경비원 일을 겸하면서 어떻게든 먹고 살았지만 부인과의 이혼을 계기로 인생을 살아갈 기력조차 잃고 말았다. 부인과의 사이에 아이는 없다.

부인은 뒤도 안 돌아보고 사라져버렸다. 돈이 떨어지면 인연도 끝이라는 말처럼. 사라진 부인을 붙잡지도 않았다. 그는 짐을 싸들고 치바에서 요코하마로 왔다고 한다.

"죽으려는 생각도 안 해. 원래부터 살아있는 것도 아니니까. 그저 여기서 버틸 뿐이지."

그런 말을 하며 필자에게 저리 가라는 듯 오른손을 위아래로 크게 내저었다.


## 누가 여기에 와도 이상하지 않을 시대

"이곳 고토부키에는 여러 종류의 사람이 있습니다."

특정 비영리 활동 법인 '번데기들'의 이사인 사쿠라이 다케마로 씨는 이렇게 말했다. 이 NPO 단체인 '번데기들'은 고토부키 지구 주변에서 생활하는 노숙자나 예비 노숙자들인 간이숙박소 주민들을 돕고 있다.

"동경대를 졸업한 사람, 프랑스어 할 줄 아는 사람, 대학 교수였던 사람… 등 일류 기업에서 근무했던 사람도 있습니다. 지금은 언제, 누가 이곳 고토부키에 와도 이상하지 않을 그런 시대인겁니다."

검게 그을린 피부가 매일 어떤 일을 하고 있는지 알 수 있게 해준다. 고토부키 지구 안팎을 돌아다니며 눈에 띄는 사람들에게 말을 걸어본다. 면도기나 비누 같은 일용품을 제공하거나 가까운 편의점에서 받아온 유통기한이 아슬아슬한 도시락을 재료로 한 정식을 300엔대에 제공하는 식당을 열기도 한다.

알콜이나 도박에 의존하는 사람들이 간이숙박소에 지불할 숙박료를 다 써버리는 바람에 길거리로 돌아오고 만다. '사람들과 일절 관계되고 싶지 않다', '관공서에 신세를 지고 싶지 않다'는 개인적인 신조 때문에 절대 생활보호를 신청하지 않으려는 사람들도 있다. 사쿠라이 씨는 말한다.

"여기에 오게 된 이유는 정말 여러 가지입니다. 어떤 사정이 생겨 사회와의 유대관계가 끊긴 사람이나 정신적인 장해를 가진 사람들도 있습니다."

사무소 내에는 이야기를 나눌 수 있는 공간이 마련돼 있어,

휴식의 장소가 된다. 몇 명의 남녀가 편안히 쉬고 있다. 사쿠라이 씨는 부드러운 미소를 지으며 말한다.

"그런 사람들에게 다가가는 것이 저희의 활동 지침입니다."

'아무도 외톨이로 만들지 않겠다'는 표어가 사무소의 벽에 걸려 있었다.

_가나자와 다쿠미(金澤 匠)

# 독거노인을 덮치는
## _____ 고독사

## 혼자 생활한다면 건강할 때 준비하자

혼자 생활하는 고령자는 계속 늘어 2030년에는 4명 중 1명이 혼자인 시대가 온다. 혼자 사는 사람이 증가하면서 사회문제로 떠오르는 것이 고독사이다. 기혼자라도 마지막에는 혼자 인생을 마감한다. 홀로 살게 될 위험성을 인식하고 은퇴 전부터 어느 정도 저축을 해두거나 인적 네트워크를 구축해 위험해 대비해둘 필요가 있다.

　서양식 마룻바닥에 검은 액체가 퍼져 있었다. 일본식 건물 근처에는 사람 머리로 보이는 둥그런 얼룩이 져 있었다. 바닥 표면에는 머리카락들이 말라 붙어 있다. 올 여름 한 남성이 가나가와 현에 있는 맨션에서 사망했다. 죽은 지 몇 주가 지났을 때 인근 주민이 이상한 냄새가 나는 것을 알아차리고 집주인에게 연락해 발견됐다고 한다.

고독사가 발생한 방의 청소나 유품 정리를 담당하는 사건 현장 청소회사(요코하마)의 스태프와 함께 현장을 방문했다. 남성은 마룻바닥을 벗겨내면서 구더기가 있다며 투덜거렸다. 몇 mm 크기의 하얀 벌레들이 콘크리트 바닥 위에서 구물거리고 있었다. 작업 장갑을 끼고 특수한 약품을 바닥에 뿌린 후 스폰지와 타올로 계속 닦아냈다. 이 청소회사 대표인 다카에스 아쓰시 씨(44살)는 여름이라서 시신의 부패가 빨리 진행됐다고 중얼거렸다.

방안에 남아 있던 서류로 남성의 연령이 이제 겨우 60세 정도라는 것을 알 수 있었다. 그가 어떤 사람이었으며 왜 죽었는지는 청소작업자도 잘 알지 못한다. 친족이나 집주인에게 의뢰를 받아 방을 원상복귀시키고 유품을 정리하기만 하는 것뿐이다.

"아무 생각도 안 하려고 노력합니다."

방을 청소하던 남성 청소부가 말한다. 고인에 대해 많은 것을 알게 되면 작업에 적지 않은 영향을 미치게 될 것이다. 하지만 방을 청소하거나 유품을 정리하다보면 고인의 인생이 조금씩 떠오르게 된다.

유족에게 전부 처분해 달라는 말을 들은 유품은 하나씩 점검한다. 예금통장이나 인감도장 같은 귀중품들은 일시적으로 보

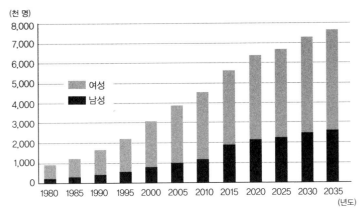

**독거생활 고령자 수**

(천 명)

출처 : 2010년까지는 총무성 '국세조사', 2015년 이후는 국립사회보장, 인구문제연구소 '일본
    세대 수 장래추계'(2013년 1월 추계), '일본 장래추계 인구'(2012년 1월 추계)
(주) '독거생활'이란 상기의 조사, 추계에서 '단독세대'를 뜻한다

관하고, 필요 없는 것들을 처분용 비닐팩에 담고 조상들의 위패
나 편지, 사진은 보관용 케이스에 담아둔다. 위패는 사망한 남
성의 양친과 조부모의 것이었다. '선생님 감사합니다'라는 말이
적힌 편지가 나왔다. 죽은 남성은 어딘가의 학교에서 교편을 잡
고 있었을까. 학생들의 단체사진 속에서 약간 뚱뚱한 체격을 가
진 생전의 고인이 가볍게 미소 짓고 있다.

　미혼이었는지 혹은 이혼의 아픔을 겪은 것인지는 알 수 없지
만 방을 보니 혼자 산 지 꽤 오래된 듯이 보였다. 부엌이나 목욕
탕, 화장실 등 물을 사용하는 곳마다 물때가 끼어 있고, 전기스

탠드나 책장 위에는 먼지가 5cm 정도나 쌓여 있었다.

생활보호를 신청할 생각이었는지 안내서가 발견됐고 여기저기 중요하다고 생각되는 곳에 빨간 줄을 쳐두었다. 곁에는 쓰다 만 이력서도 있었다. 5년 정도 일한 기록이 없었으니 아마 일을 찾고 있었던 것이 아닌가 생각된다. 주변 주민들에게 남성에 대해 물어봤더니 "잘 몰라요. 얼굴도 본 적이 없어요"라고 한다.

방 청소만 담당하는 스태프와의 동행 취재였기 때문에 친척들을 취재하는 것은 허락받지 못했다. 죽은 남성에 대해서는 더 이상 알 수 없었다.

## 50대, 60대 독거남성이 위험하다

고독사에 관한 명확한 정의는 없지만 자택에서 죽는 독거노인은 도쿄에서만 연간 약 2000명, 전국에서 3만 명으로 추측되고 있다. 사회나 지역 단체로부터 고립돼 일어나는 비극임에 틀림없다. 필자는 6년 정도 전부터 특수 청소부나 유품 정리 전문업자와 함께 고독사 현장을 계속 취재해왔다. 이중 다수가 50대, 60대 독거남성이 사는 곳이었다. 고독사가 고령자만의 문제는 아니라는 사실을 실감한다. 수도대학도쿄의 오카베 다쿠 교수(사회복지학)는 다음과 같이 지적한다.

"50~60대 남성의 홀로 살이가 증가하는 이유는 장기 불황으로 취직이나 수입이 안정되지 않아 결혼을 하지 못했기 때문입니다."

한창 일을 할 나이인 50대의 경우, 갑자기 구조조정을 당해 퇴직을 하고 집에 틀어박히게 되면 원래부터 주위와 잘 어울리지 못했기 때문에 고립이 심화된다. 여성만큼 사교성이 있지 않아 고립하게 될 위험이 더욱 큰 것이다.

"사회의 변화로 혼자 생활을 해야만 하는 남성들은 지역 사회와 잘 어울리지 못하고, 어울리려는 노력도 하지 않습니다. 체면 때문에 곤란한 일이 있어도 말을 못 하는 경우가 많지요."

그 결과 뇌경색 등을 일으켜 혼자 방에서 쓰러졌을 때도 도움을 청하지 못하고 사망하는 경우가 적지 않다. 지역과의 관계를 피하는 경향이 있는 50대, 60대의 독거남성을 돕는 일은 쉽지 않아보인다. 어느 공영단지를 담당하고 있는 민생위원(빈곤자의 생활을 보살피기 위해 지방자치단체가 민간인에게 위촉한 직위-옮긴이)은 이렇게 이야기한다.

"70세를 넘긴 사람의 경우, '요즘 모습이 보이지 않는데 어떻게 된 걸까' 하고 주위에서 신경을 써줍니다. 하지만 60대 이하의 경우에는 어딘가 갔겠지 생각하는 경우가 많아서, 실제로 방에서 죽어도 알아차리기가 쉽지 않습니다."

70대를 넘긴 사람이라면 민생위원이나 개호 관계자들이 신경을 쓰며 방문하는 경우가 많지만 50대, 60대 독거남성의 경우는

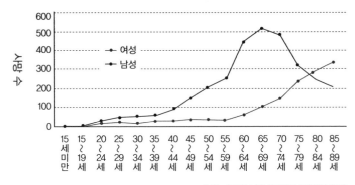

**도쿄의 성별, 연령별 고독사 수**

출처 : 도쿄부 복지보건국 조사(2012년)

다른 사람의 간섭을 받고 싶어 하지 않을 거란 생각에 아무래도 방문을 좀 꺼리게 되는 경향이 있다.

지금까지의 취재 경험을 바탕으로 고독사하기 쉬운 사람이나 지역 사회에서 고립을 막기 위한 체크 리스트를 작성해 보았다. 어디까지나 취재반의 독자적인 판단 기준이지만 참고해주기 바란다.

### 친척이 있는 사람이라도 갑자기 자살

고독사뿐만 아니라 고령자의 자살도 늘고 있다. 경찰청의 자살 통계에 따르면 2014년의 자살자 수는 2만 5427명. 이 가운데 남

## 고독사 위험 진단 체크

☐ 혼자 산다.
☐ 남성이다.
☐ 친족들과 오랫동안 소원하게 지낸다.
☐ 문패를 달지 않는다.
☐ 신문이나 우유 등 매일 배달받는 물건이 없다.
☐ 생활 스타일이 불규칙하다.
☐ 방청소를 거의 하지 않는다.
☐ 이웃을 거의 알지 못한다.
☐ 우편함에 꽂힌 유인물들은 그대로 두는 경우가 많다.
☐ 지역 활동에 참가하지 않는다.

## 지역 사회에서 고립을 막기 위한 체크 리스트

☐ 혼자 산다.
☐ 자주 집에만 틀어박혀 지내는 주민의 상황을 파악해 정기적으로 안부를 묻는다.
☐ 지역 주민이 교류할 수 있는 장소가 마련되어 있다.
☐ 활발하게 인사하고 안부를 주고받는다.
☐ 지역 축제, 운동회 같은 교류행사가 있다.
☐ 주민의 긴급 연락처 같은 사항들을 개인 정보 취급에 주의하며 갖춰두고 있다.

* 많이 해당될수록 고독사 위험도는 높아진다

성이 전체의 68.4%(만 7386명)를 점하고 있다. 50대는 4181명 (16.4%), 60대는 4325명(17.0%)으로 60대가 제일 많으며, 50대, 40대 순으로 이어진다.

앞에서 이야기한 청소회사 스태프와 함께 자살 현장에도 방문했다. 사이타마 현 서부에 있는 지은 지 약 30년 된 6층짜리 철근 콘크리트 맨션 5층 방이 그 현장이었다. 5평 정도 크기의 거실과 부엌이 있고 4평 정도 크기의 일본식 다다미방이 있었다. 혼자 살던 남성이 현관 입구에서 목을 매 죽었다. 향년 66세. 문의 여닫이 장치에 끈을 매달아 목을 맨 흔적이 있었다. 바닥에서 천장까지는 170cm 정도의 높이였다. 현관 문 안쪽으로 원형의 시커먼 얼룩이 졌고, 바닥에는 검붉은 덩어리가 퍼져 있었다. 아마 체액일 것이다. 방 안은 코를 찌르는 냄새로 가득했다. 마스크를 쓴 청소부가 바닥 표면에 특수한 약품을 뿌린 후 고무장갑을 끼고 바닥을 스폰지로 슥슥 문지르고 있었다.

목을 맨 남성은 혼자 생활하고 있었다. 한동안 연락이 안 되자 이를 이상하게 여겨 지방에서 달려온 누이에게 발견됐다고 하는데, 이미 죽은 지 몇 주가 경과한 뒤였다.

방에는 예술 관련 서적이나 재즈 레코드, 구식 비디오테이프가 나란히 꽂혀 있었다. 청소부는 사진과 편지를 보관용 비닐팩에 나눠 담았다. 수백 장이나 되는 사진을 통해 성실해보이는 남성의 모습을 볼 수 있었다. 대부분은 유년기와 청년기의 것으로 최근 사진은 없었다.

'엄마가 없어도 힘내야지'라고 쓴 편지가 나왔다. 누나가 보낸 것이었다. 다른 친척에게서도 같은 내용의 편지가 여러 장 와 있었다. 남성은 분명히 혈연이 없는 사람은 아니었다.

"(고인은) 어머니를 정말 좋아했던 모양이네요."

수십 통의 편지를 보관용 자루에 나눠 담으면서 청소부는 벽에 걸린 달력에 시선을 옮겼다. 매달 어떤 날짜에 동그라미를 쳐놓고 손글씨로 '어머니의 기일'이라고 써둔 것이 보였다. 혼자라도 건강하게 열심히 살라고 격려하는 편지도 있었다.

"어머니가 돌아가셔서 외로웠던 걸까요."

남성 청소부가 힘없이 중얼거렸다. 줄곧 죽음을 생각해온 끝에 자살에 이르게 된 것이 아니라 반 돌발적으로 자살을 생각하게 된 것이 아닐까 생각하는 모양이었다.

"'예정'에 없었던 일이었을 겁니다."

그런 말을 하며 냉장고 문을 열자, 안에는 근처 슈퍼마켓에서 산 것으로 보이는 채소나 우유 등이 가득차 있었다. 식탁에는 인스턴트 라면과 과자가 있고, 박스에 든 맥주도 있었다. 왜 이 남성은 고독사 그것도 자살로 생을 마감해야만 했을까. 왜 가족에게 연락을 취하지 않았을까.

## 한계집락(限界集落)에서 이 나라의 미래를 본다

JR 야마노테선의 다카다노바바 역에서 신오쿠보 역 방면으로 걷다보면 서쪽으로 줄지어 있는 16개의 아파트 단지가 나온다. 도쿄가 운영하는 신주쿠 구의 도영 주택 도야마단지다. 주민의 약 절반이 65세 이상이고 4명 중 1명은 75세 이상이라고 하는 도심의 한계취락(인구의 50% 이상이 65세 이상의 고령자로, 사회적 공동생활의 유지가 곤란하게 된 집락촌-옮긴이)이다. 얼핏 보면 아담한 고층 주택이지만 지팡이나 손으로 미는 보조기구에 의지해 단지 안을 걷고 있는 고령자의 모습이 눈에 들어온다. 한 남성(89세)에게 말을 걸었더니 "저승사자가 데리러 오기만을 기다리고 있을 뿐"이라고 중얼거린다.

도야마단지는 전쟁이 끝난 직후인 1948년부터 건설하기 시작했다. 4층 건물로, 대부분 거실과 주방이 딸린 방 3개짜리 구조이다. 몇십 년 전부터 살고 있다는 이 89세 노인은, 예전에는 젊은 세대가 많아 아이들도 있었고 매우 활기찼다고 말했다. 1990년대 이후에 다시 지어지기 시작해 단지는 고층화되었고, 60세 이상 고령자가 혼자 생활하기 좋게 원룸 형태의 주거공간이 늘어났다. 그 결과 갑자기 고령화가 진행됐다.

"현재는 대부분이 독거노인으로 이 단지는 일본의 미래의 모습이라고 해도 과언이 아닙니다."

고독사 대책을 다루는 NPO 법인 '사람과 사람을 잇는 모임'의 회장이자 이곳 단지의 주민인 혼조 아리요시 씨(77세)는 한숨을 쉬며 말한다.

단지의 인구는 약 3500명으로 세대 수는 2300. 대부분이 독거 상태인 것으로 파악된다. 단지의 자치회는 고령화 때문에 일할 사람도 거의 없어서 2007년에 해산됐다. 자치회가 있었을 때는 고독사 수도 파악할 수 있었는데 1년에 20명 정도가 고독사를 맞았다고 한다. 지금은 더 늘었을 것이라고 혼조 씨는 말한다.

"자치회가 없어졌지만 이웃과의 접촉을 피하려는 경향이 있는 독거노인들, 특히 집에 틀어박혀 있는 남성들을 어떻게 해서든 밖으로 끌어내고 싶습니다."

그런 생각으로 2007년 여름, 혼조 씨는 NPO 법인 '사람과 사람을 잇는 모임'을 세웠다고 한다. 몇 년 전 겨울, 70세 남성이 죽은 뒤 며칠이 지나서야 발견된 현장을 목격한 것이 계기가 됐다. 난방 스위치도 켜져 있는 채여서 시신의 부패가 심했다고 한다. 혼자 생활하는 혼조 씨도 다음은 내 차례라는 생각이 들어 깊이 동정하게 됐다고 한다.

NPO 주최로 채소를 파는 시장을 열기도 하고 환담을 나누며 식사할 수 있는 모임을 열기도 하며, 가볍게 작은 여행을 주최하거나 연예인을 불러 이벤트를 기획하기도 했다.

"하지만 나오는 사람들은 언제나 비슷합니다. 안 나오는 사람은 뭘 해도 나오려고 하질 않더군요."

혼조 씨는 버튼만 누르면 콜센터로 연결되는 단말기를 방에 설치하자고 주민들을 설득했다. 하지만 가지고 다닐 수 없는 고정식 기기가 불편한 탓인지 이용자는 늘지 않았다. 그 후에도 안부 확인 기능이 달린 휴대전화나 스마트폰을 도입하려 했지만 쓰는 방법을 잘 모르겠다며 고령자들은 불평을 했다.

이런 일도 있었다, 6년 전 봄, 자택에서 사망한 80대 독거여성이 있었는데 홋카이도에 사는 먼 친척에게 연락을 하니 유품은 거기서 그냥 처분해 달라는 말만 하고 비용도 내려고 하지 않았다. 할 수 없이 NPO 법인이 뜻을 모아 단지 내 사람들과 함께 뒤처리를 했더니 침대 매트리스 밑에서 400만 엔의 현금 다발이 나왔다고 한다. 다시 그 친척에게 연락을 했더니 홋카이도에서 날아와서는 앞으로의 일을 부탁한다며 100만 엔을 내놓고 남은 300만 엔을 챙겨서 다시 바로 돌아갔다.

이 여성의 경우와 마찬가지로 혼자 생활하다가 세상을 뜬 사람들의 방을 뒷정리하는 것이 요즘 종종 문제가 된다. 청소를 하거나 가재도구를 처분하려면 품이 들고 비용이 든다. 뒤처리를 해줄 가까운 친인척이 없는 주민도 많다. 거주자들 중 사후에 다른 사람에게 폐를 끼치고 싶지 않다며 불안해하는 사람들도 많다. 사망 후 처리를 위한 대책이 필요하다고 생각해 작년 (2015년) 여름 도쿄에 있는 소액 단기보험회사 '메모리드 라이프'와 공동으로 보험 상품인 '희망보험'을 만들었다.

사망보험(무배당 재해 사망 할증형 1년 정기보험)에 가입하면 만약의 경우 장례나 청소, 유품 정리, 납골 등의 지원을 받을 수 있다. 안부 확인 기능도 유료로 이용할 수 있다. 지불하거나 받을 수 있는 보험 금액은 성별과 연령에 따라 다르지만 65세 여성의 경우 월 3000엔으로 약 294만 엔을 받을 수 있다. 가까운 친척이 없는 사람을 위해 같은 모임에 있는 제3자를 보험금의 수

취인으로 지정할 수 있도록 했다. 앞에서 언급한 사건 현장 청소회사처럼 현장을 청소하는 회사들도 늘어나 고독사는 하나의 비즈니스로서도 수요가 계속 늘어나는 추세이다.

고독사에 대비한 집주인용 손해보험도 몇 년 전부터 나오고 있다. 실내를 정리하고 수선에 든 비용 등을 일정 금액 지불한다. 일본 소액 단기보험협회(도쿄 츄오 구)에 따르면 협회 가맹회사 중 동종의 보험을 취급하는 업자는 현재 5개 회사나 된다고 한다.

보험뿐 아니라 사후 뒤처리에 관해 생전에 계약을 맺는 NPO 법인 같은 곳도 있다. 장례식이나 방청소 같이 사후에 드는 사무 비용을 계약 시에 예탁료 등과 전부 다 합쳐 지불하는 것이 일반적이다. 보험을 들거나 돈을 저축해 고독사에 대비하는 것 외에도 인맥을 쌓거나 사회적 유대관계를 구축해놓는 것이 좋다.

취재를 통해 느낀 점은 인간관계가 좋으면 노후 빈곤을 보완할 수 있는 영역이 의외로 넓은 것이 아닌가 하는 점이었다. 곤란할 때 도움을 줄 수 있는 사람은 있는지 혹은 혼자만 안고 살 수 없는 불안을 누군가에게 털어놓을 수 있는지 등 혼자 생활해야 하는 사회에서 살아가는 기술을 몸에 익혀야 한다.

_가나자와 다쿠미(金澤 匠)

# 제4장

## 고립이 낳은 고령자 범죄

## 연애는 생의 마지막 불꽃인가
_____ 스토커가 되는 노인들

### 일방적으로 쫓아다니기

'사랑은 먼 옛날의 불꽃놀이가 아니에요'라는 인기 광고 카피가 있었다. 상대의 기분을 존중하는 것이 성인의 매너지만 인생의 종반에 다다르자 이룰 수 없는 사랑에 욕망과 집착을 버리지 못하는 고령자가 적지 않다. '그녀를 행복하게 해 줄 수 있는데', '그에게 농락당했다' 등 독선적인 생각을 품고는 '폭주'하게 되는 것이다.

2015년 2월, 한 남성(68세)이 도쿄 지방 재판소의 법정에 섰다. 죄목은 스토커 규제법 위반이다.

"그녀에게 관심을 끌려고 한 일입니까?"

변호사의 질문에 백발의 피고인은 "네, 편지나 선물을 보냈습니다"라고 대답했다. 기소된 내용에 따르면 남성은 2014년 12월 상순, 6일에 걸쳐 호의를 품고 있었던 여성(35세)의 자택을 방문했다. '결혼하고 싶다'는 글이 적힌 편지를 우편함에 넣거나 성인잡지에서 오려낸 누드 사진을 현관문에 붙이기도 했다. 선물로 여성용 작은 가방이나 치마 같은 것을 현관문 앞에 놓아두기도 했다.

검찰관이 "여성과 만나기 위해 '어디어디로 와주세요'라고 적힌 편지를 몇 번이나 보냈지요?"라고 묻자, 남성은 "그러면 뭐하나, 오지도 않았는데"라며 중얼거렸다. "왜 그랬을까요?"라고 검찰관이 다그쳐 묻자 그건 무서웠기 때문이었을 거라 대답했다. 여성에게 준 가방은 길에서 주운 것이라고 한다.

그 여성이 경찰에 고소해준 덕분에 지금 법정에 있는 것이니, 자신을 반성하게 해준 그녀에게 감사한다며 머리를 조아렸다. 재판소는 남성에게 징역 10개월의 실형 판결을 내렸다.

사실 이 남성이 스토커 규제법 위반으로 법의 심판을 받게 된 것은 벌써 3번째다. 과거 2번의 재판은 이 피해 여성의 어머니에 관한 사건이었으며 각각 징역 4개월과 9개월의 실형을 선고받았었다. 이번에는 그 딸이 표적이 됐던 것이다. 남성이 형무소를 나온 지 9개월 후의 일이었다. 남성은 결혼한 경력이 없고 출소 후에는 혼자 살았다.

도쿄에 있는 간이숙박소에 묵고 있었는데, 여성이 어떻게 지내고 있을까 궁금해 견딜 수가 없었다고 한다. 어느덧 정신을 차려보니 여성이 사는 곳으로 발걸음이 향하고 있었다. 그곳은 전에 남성이 살았던 아파트이기도 했다. 이웃이었던 두 사람은 같은 종교모임에서 알게 되었다고 한다.

하지만 출소 후 오랜만에 동경해오던 그녀를 보니 생각보다 많이 늙어 실망했는데, 가끔 본 적이 있던 딸이 엄마를 꼭 빼닮아 젊고 예뻤다고 한다. 그래서 이 남성은 딸과 교제하고 싶고, 결혼하고 싶다는 생각을 하게 됐다고 털어놓았다.

"엄마를 쫓아다니다 두 번이나 형무소에 갔다 와놓고 이번에는 그 딸인 저에게 어떻게 이럴 수가 있죠? 그 사람이 집 주변에 있다고 생각하면 불안해 견딜 수 없으니 될 수 있으면 형무소에 좀 오래 있게 해주세요."

피해를 당한 딸의 조서를 검찰관이 읽어주자 남성은 고개를 숙이며 주먹을 불끈 쥐었다. 변호사의 말에 따르면 남성은 이전 재판에서 그녀의 어머니로부터 멀리 떨어지기 위해 출소 후에는 후쿠시마 현으로 자원봉사를 가겠다는 서약을 했다. 하지만 서약은 휴지조각이 되어버렸다.

변호사의 말에 따르면 남성은 자신을 매우 과대포장하며 허세를 부린다고 한다. 이 남성은 딸에게 보낸 편지에 자기는 진짜 가수처럼 노래를 잘하고 성격은 유명 배우 다카쿠라 겐 같이 씩씩하다고 써 있었다고 한다.

## 인생에서 못다한 것은 사랑뿐

"스토커 행위까지 이르는 고령자는 많습니다."

스토커에 관한 상담을 받고 있는 NPO 법인 '휴머니티'(도쿄 오다 구)의 이사장인 고바야카와 아키코 씨는 그렇게 지적한다. 지금까지 5000명 이상의 피해자 및 가해자와 마주해왔는데, 최근 몇 년간은 전체의 20~30%가 60대, 70대가 됐다고 한다. 고령인 세대가 가해자로 변한 것은 이미 드문 일이 아님을 실감할 수 있다.

경찰청의 집계에 따르면 2014년에 경찰이 확인한 스토커 사건(2만 2823건) 가운데 늘 귀찮게 따라다니는 수준까지 이른 60대 이상의 비율이 9.6%(2199건)로, 5년 전인 8.9%(1435건)보다 더 늘어났다.

"고령자의 스토커 행위는 과거에도 있었습니다. 초고령사회가 되니 확인된 건수가 늘어난 것 뿐이지요."

이 같은 고령자 스토커 범죄가 증가한 배경에는 소위 베이비 붐 세대의 존재가 크다. 이 세대만이 갖고 있는 기질이 곧 스토커 행위로 이어지기 쉽다는 것이다.

"학창시절에는 수험 전쟁, 사회인이 돼서는 출세 경쟁 등 언제나 경쟁만 하면서 살아온 세대입니다. 가정을 돌보지 않고 일에만 매달리다 정년퇴직을 하고 나니 가정에서 설 자리가 없는 것이지요. 고도 성장기를 지탱했다는 자부심이나 남존여비의 가치관이 뿌리 깊이 박혀 있어 지역 사회 내에도 쉽게 어울리지 못하는 외톨이가 되어버립니다."

고바야카와 씨의 말에 따르면 인생에서 못다 한 것은 사랑뿐이라고 말하는 고령자가 많다고 한다. 일반적으로 다양한 연애관이 인정되는 시대가 아니었기 때문에 친척이 멋대로 혼담을 진행시켜 아무 생각 없이 근처에 사는 아가씨와 결혼하게 된 세대이다.

심신이 타들어가는 듯한 열렬한 연애를 경험해보지 못했다고 말하는 고령자가 적지 않다. 이 때문에 인생의 종반에 접어들어 초조한 마음에 눈에 띈 이성을 '최후의 사랑'이라며 집착하게 된다.

"그저 단골 고객인 할아버지라고 생각했었죠."

나카무라 에미 씨(33세, 가명)는 70세의 남성 고객과 있었던 일을 곤혹스러운 마음으로 떠올린다. 남성은 나카무라 씨가 일하는 카페에 매일 혼자 아침세트를 먹으러 왔다고 한다. 아직 컵에 물이 있는데도 물을 한잔 더 달라고 하기도 하고, 계산이 끝난 뒤에도 이야기가 계속 길어졌다.

손님이라서 매정하게 대하기도 힘들어 웃는 얼굴로 응대해줬는데 그러는 동안 이 남성은 나카무라 씨에게 꽃다발을 건네기도 했다. 처음에는 가게의 꽃병에 꽂아두었지만 양이 너무 많아서 정중하게 거절했더니 급기야 나카무라 씨의 집까지 찾아오기 시작했다. 그냥 할아버지라는 생각에 안심하고 주소를 가르쳐줬던것이 화근이었다.

자동 잠금식 현관이었기 때문에 직접 집안으로까지 쳐들어오는 일은 없었지만 나카무라 씨의 남편은 기분 나빠했다.

"남편은 처음에는 쓴웃음을 짓고 말았지만 얼마 후부터는 꽃다발과 함께 지금보다 더 행복하게 해주겠다는 내용의 편지가 왔습니다." (나카무라 씨)

나카무라 씨는 남편의 월급이 적다는 등의 불만을 남성에게 늘어놓았던 적이 있다. 그렇다 해도 점원이 단골손님에게 분위기를 재미있게 만들고자 의미 없이 가볍게 한 잡담에 지나지 않았다.

나카무라 씨는 솔직히 불편하다고 느꼈지만 상대가 단골손님이기 때문에 조심스럽게 꽃을 보내거나 편지를 보내는 일은 삼가주었으면 좋겠다고 부탁했다. 하지만 그 남성의 태도는 전혀 변하지 않았다. 자신의 마음이 받아들여지지 않는다는 것을 알고 난 뒤 남성의 태도는 돌연 공격적으로 변했다. 자택이나 가게에 '남편이랑 사이가 안 좋잖아'라는 내용의 편지가 배달됐다. 보다 못한 점장이 아는 변호사를 불러 함께 설득에 나섰다.

'나라면 불쌍한 그녀를 행복하게 할 수 있다'며 남성은 한결같이 우겼지만 결국 변호사와 주변의 설득에 남성은 반성의 태도를 보이게 됐다. 겁먹게 할 생각은 없었다고 사과하면서 기뻐할줄만 알았다며 머리를 조아렸다고 한다. 나카무라 씨는 최후의 수단으로 경찰에 신고하는 것까지도 생각했지만 사건으로 비화하기 직전에 사태는 수습됐다.

## 남성은 '널 죽여버리겠다', 여성은 '내가 죽겠다'

고바야카와 씨는 말한다.

"여성이 베푼 친절이나 배려를 자기를 향한 호의라고 착각해서 멋대로 망상을 섞어 이야기를 만들어버립니다. 현실적으로 교제를 한 적도 없는데 자기 멋대로 배신당했다는 생각을 하며 원망을 품고 스토커가 되어버리는 것입니다. 젊은 사람의 경우에는 실제로 사귀고 있는 상대에게 헤어지자는 말을 듣고 기분이 나빠 스토커로 변하는 경우가 많습니다. 세대 간의 스토킹은 이처럼 다른 점이 있습니다."

스토커 피해자라고 하면 일반적으로 여성일 것이라는 인상이 강하다. 하지만 경찰청 통계에 따르면 남성이 피해자인 사례도 약 10%나 있다. 여성이 끈질기게 따라다녀 고민하는 남성들이 확실히 존재하며, 스토커 상담을 받는 현장에서 실제로 느낀 바로는 남성 피해자가 훨씬 많을 것이라고 말한다.

"16년 전부터 상담을 받기 시작했는데 가해자의 남녀 비율은 처음부터 반반이었습니다. 남성은 경찰에 별로 상담하지 않기 때문에 숫자에 나타나지 않았을 뿐이죠."

그 가운데는 고령 여성의 스토커도 적지 않다. 한 예를 들어 보도록 하겠다.

아라키 사부로 씨(73세, 가명)는 66세의 여성으로부터 반년에 걸쳐 집요한 스토킹을 당했다. 정말로 무서웠다고 한다. 소개팅을 통해 알게 됐는데, 처음에는 괜찮은 여성이라고 생각한 아라키 씨는 2번 정도 함께 식사를 했지만 장래를 생각할 사이는 아니라고 생각해 계속 만나지는 않았다. 하지만 이제 연락하지 말아줬으면 좋겠다는 말을 했는데도 휴대전화나 집 전화는 계속 울려댔다. 여성의 전화를 무시하고 받지 않기로 했더니, 어느 날 점심이 지나 경찰차와 구급차가 집으로 들이닥쳤다. 경찰은 "어떤 여성으로부터 아라키 씨가 고독사했을지도 모른다는 통보를 받았다"는 말을 했다. 여성은 경찰관에게 자신을 아라키 씨의 약혼자라고 자칭했다고 한다. 소개팅을 주최한 단체를 통해 여성에게 주의를 줬지만, 여성은 되려 자신이 아라키 씨에게 농락당했다고 말했다.

고바야카와 씨도 이런 상담을 받은 적이 있다.

어느 60대의 여성이, 자신이 다니는 테니스 스쿨의 20대의 남성 강사에게 다른 여성에게 테니스를 가르치지 말라는 등의 글을 쓴 메일을 매일 수십 통씩 보냈다. 남성이 이를 계속 무시하자 여성은 어떻게 알았는지 남성이 평일에 나가는 근무처까지 찾아왔다.

실은 고바야카와 씨에게 스토킹 상담을 하러 온 것은 남성이 아니라 오히려 60대 여성이었다. 남성이 차갑게 변했다고 한탄하며 그 이유를 모르겠다고 고개를 갸웃거렸다고 한다. 남성은 아르바이트를 하던 테니스 스쿨과 본래의 직장에서 모두 해고당하는 처지가 되고 말았다.

"자신을 피해자라고 굳게 믿어버리는 여성이 많습니다. 이렇게까지 좋아하는데 왜 받아주지 않을까 하는 마음이 피해의식으로 바뀌게 되는 것이죠."

'그 남성이 내 마음을 이해해 주지 않는다', '실은 아직도 날 좋아하고 있을 텐데'라고 굳게 믿었는데, 냉정한 대접을 받은 자신이 피해자라고 주장한다는 것이다. 나이에 관계없이 여성 스토커 중에는 '(상대가) 나를 사랑해야 하는데 (사랑받지 못하고 있다)'는 불만이 강하다. '서로 사랑하고 있다'고 믿는 남성과 크게 다른 점이다. 그 차이는 가해자의 행동으로 나타난다.

"남성은 헤어지면 용서할 수 없다면서 상대방을 위협하는데, 여성의 경우에는 당신에게는 나밖에 없는데 왜 나를 사랑해주지 않느냐고 원망을 합니다. 때문에 많은 경우 남성은 죽여버리겠다는 말을 하고, 여성은 내가 죽겠다고 말하는 것입니다."

## '원망 중독 증상'에는 치료가 필요

경찰청은 작년(2015년), 스토커 규제법에 의거해 경고 조치 등을 받은 가해자에게 정신과 검진을 받아볼 것을 권하는 등 대책을 마련하고 있다. 단, 강제로 검진을 받게 하는 것은 아니며 치료를 받는 것은 어디까지나 가해자의 의사에 달려있다.

정신과 의사인 후쿠이 유키 씨는 스토커를 일종의 정신질환으로 파악하고 있다. 가해자는 '원망 중독 증상'에 빠져 있기 때문에 치료가 매우 중요하다. 후쿠이 씨의 저서《스토커 병, 왜곡된 망상의 폭주는 멈추지 않는다》(고분샤 출판)에 따르면 카운슬링을 통해 망상과 현실과의 차이를 인식하게 하고, 비뚤어진 사고를 고치는 인지행동 요법 등을 실시한다.

가해자는 내면적으로는 '이런 짓을 계속하고 싶지 않다. 나를 바꾸고 싶다'며 괴로워한다고 한다. 후쿠이 씨는 상대가 변명처럼 늘어놓는 말들을 모두 듣고 "당신의 괴로움을 끝내기 위해 지금부터 상황을 바꿔가면 어떻겠습니까"라며 변화를 권한다. 피해자에게 집중되었던 생각을 일이나 가족에게 향할 수 있게 만들면 개선의 조짐이 보이기 시작한다.

고바야카와 씨는 "인지행동 요법 등을 써도 효과가 없고, 행동 제어에 장해가 있는 스토커에게는 복역 중이나 석방 뒤에도 입원을 전제로 한 치료를 강제해야 한다"고 말한다.

미국이나 유럽에서는 강제적인 치료제도가 도입돼 있지만 일본에서는 인권 침해라는 비판이 뿌리 깊이 존재한다. 치료가 범죄를 방지하는 데 좋은 방법인지는 아직 미지수이다.

경찰청 유식자 검토회가 2014년 8월에 제출한 보고서에는 '갱생 프로그램을 실시할 수 있도록 검토해야 한다'고만 되어있을 뿐 구체적인 대책까지 세워놓지는 않은 것이 현실이다.

인생에서 못다 한 것은 사랑뿐이다. 고령자 세대의 연애·섹스 정보가 넘쳐나는 사회의 한 구석에서는 활활 타오르는 망상과 집념이 소용돌이치고 있다.

_가나자와 다쿠미(金澤 匠)

# 급증하는 65세 이상 절도범
_____ 당신 부모님도 혹시

## 절도범은 이제 '불량 노인'의 범죄

고령자가 가게에서 물건을 훔치는 사건이 끊이지 않고 있다. 독거노인이 급증하고 있는 가운데, 누구에게도 의지할 곳 없는 고립감과 장래에 대한 불안감, 경제적인 궁핍 때문에 절도를 저지르는 사례가 눈에 띈다. 누구나 저지를 수 있는 범죄 행위지만 세상의 편견이 뿌리 깊어, 사회로 복귀하는 일은 그리 평탄하지가 않다.

2015년 9월, 도쿄의 간이재판소에서 68세의 여성이 고개를 숙인 채 입을 열었다.

"혼자 사는 게 불안해요. 가능한 돈을 쓰고 싶지 않았습니다."

법정에는 코를 훌쩍거리는 소리가 울려 퍼졌다. 여성은 레이스가 달린 손수건으로 눈물을 훔치며 "돈이 중요하니까요"라고 쥐어짜듯 말을 이어갔다.

이 여성은 6월 하순 어느 점심이 지난 무렵, 도쿄에 있는 한 슈퍼마켓에서 과자 등 17점의 식료품과 의료품(합계 1만 536엔 상당)을 훔쳤다. 가게 장바구니에 주스와 브로콜리를 넣어두고 과자나 티셔츠, 여성용 구두 등은 자신의 가방에 넣었다. 장바구니에 넣은 물건은 카운터에서 정산을 했지만 가방 속에 넣은 물건들은 돈을 지불하지 않은 채 가게 밖으로 빠져나왔다. 가지고 있는 돈은 6630엔이 전부였다.

"장래의 생활이 불안했다", "돈이 소중하다"고 반복해 말하던 이 여성은 현재 약 9만 엔의 연금 외에도 맨션의 임대 수입 등으로 한 달에 20만 엔 정도 수입이 있다고 한다. 혼자 살고 있는 맨션은 자신이 소유한 집이고, 부족함이 없어 보이지만 문제의 뿌리는 더 깊었다.

이 여성이 가게에서 물건을 훔치다 잡힌 것은 벌써 8번째다. 2014년 2월 도쿄 간이재판소로부터 벌금 30만 엔의 약식 명령을 받았고, 이번에는 정식 재판을 받게 된 것이다. 그녀는 왜 이렇듯 물건 훔치기를 계속하는 것일까.

'돈을 지불하고 싶지 않다', '절약하고 싶다'는 생각을 갖게 된 것은 일찍이 빚을 갚으면서 경험했던 고통이 생각나기 때문이라고 했다.

1999년 남편이 사망한 뒤 처음으로 빌린 돈이 있는 것을 알게 되었다고 말하며 다시 손수건으로 눈물을 훔쳤다. 어느 하나 부족한 것이 없었던 생활은 남편이 죽자 순식간에 변했다. 변호사였던 남편이 몇 건의 연대 보증을 서줬다는 사실을 알게 되었고, 이제 어떻게 하면 좋을지 몰라 머릿속에 아무것도 떠오르지 않았다며 당시의 심경을 밝혔다.

"남편의 친척들은 아무도 도와주려 하지 않았어요. 남편의 딸도 엄마가 다 갚으라며…."

'남편의 딸'이란 죽은 남편이 재혼하면서 데려온 딸로, 여성과 남편 사이에는 아이가 없었다. 빚은 다 갚았지만 친척들은 손바닥 뒤집듯 여성을 멀리했다. 남편이 죽은 지 3년 뒤 처음으로 물건을 훔치게 됐다고 했다. 물건 훔치기에 성공했을 때 스트레스가 확 날아가는 것 같았다고 이야기했다.

## 고령자의 절도가 빈번하게 발생

경찰청의 통계(2013년 범죄 정보)에 따르면 물건을 훔치다 붙잡힌 사람 가운데 65세 이상의 비율이 2004년 18.3%(2만 667명)에서 2013년에는 32.7%(2만 7953명)으로 증가했다.

청소년(14~19세)이 34.5%(3만 8865명)에서 19.6%(1만 6741명)

로 감소한 것과는 대조적이다. 고령자 인구가 증가했다는 것과 움직임이 민첩한 젊은이들과 달리 잡히기 쉽다는 이유도 있긴 하지만, 청소년 범죄였던 물건 훔치기가 지금은 불량 노인의 범죄가 되어버린 듯하다.

NPO 법인 '전국 절도 범죄 방지 기구'(도쿄 신주쿠 구)는 전국의 소매점에서 일어나는 연간의 절도 범죄 액수를 약 4600억 엔으로 추산하고 있다. 이는 보이스피싱 사기 같은 특수 사기에 따른 피해액의 10배 가까이 된다. 시간이나 품을 들이기 싫어서 피해 신고서를 내지 않는 소매업자도 있으니 피해액은 더 많을 것이다.

절도 범죄는 소매점에게는 사활이 걸린 문제이다. 고작 좀도둑이 아니냐는 생각은 바꿀 필요가 있다. 물건 훔치기는 범죄라는 사실을 강하게 인식해야 한다고 후쿠이 고우 사무국장은 말한다.

"고령자는 외롭기 때문에 누군가가 자신을 보살피고 신경 써줬으면 하는 생각이 큽니다. 임시방편으로 처벌하기만 해서는 안 되며, 그 원인부터 고쳐 나가야 합니다."

## 독거생활, 고립을 유발

절도를 저지른 여성의 재판 이야기로 돌아가보자.

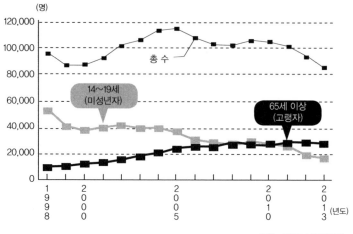

전국 절도 검거인원 수

(명)

14~19세
(미성년자)

65세 이상
(고령자)

총 수

1
9
9
8

2
0
0
0

2
0
0
5

2
0
1
0

2
0
1
3 (년도)

출처 : 2013년 범죄정세

피고의 정상 참작을 위해 양녀(30세)가 법정에 섰다. 여성의 사망한 오빠의 외동딸로, 3년 전 양자결연을 맺었다. 여성이 이전 물건을 훔치다 잡혔을 때 보호자 역할을 했지만 그 이전의 전과나 전력에 대해서는 알지 못했다고 한다.

지난번 범행을 처음 알았을 때 딸은 어머니를 감독할 생각이 없었다고 했다. 어머니가 반성하고 있는 것처럼 보였기 때문이다. 하지만 이번 일을 계기로 어머니가 이미 여러 차례 물건을 훔치다 붙잡힌 적이 있다는 사실을 알고, 자신이 마음을 붙잡아 줘야겠다는 생각을 했다고 한다. 지금까지 이상으로 더 자주 어머니와 연락을 주고받는 등 감시하겠다는 다짐을 한 뒤, 강한 말투로 이야기했다.

"제 딸은 훔친 물건을 먹거나 입으면서 좋아하지 않습니다. 바라지도 않고요. 할머니가 귀여워해주면 그걸로 충분해요."

이번에 또 물건을 훔치면 인연을 아주 끊겠다는 딸의 말에, 여성은 내 핏줄이라곤 딸밖에 없는데 인연이 끊기면 외로워서 살 수 없다며 떨리는 목소리로 말했다. 손녀에게 도둑질을 하는 할머니라는 말을 듣고 싶지 않다면서 눈물로 호소하던 이 여성은 결국 징역 1년(집행유예 3년)의 유죄판결을 받았다.

"보이스피싱 피해자가 되면 어쩌나 걱정한 적은 있어도 설마 가해자가 될 줄이야……."

우에무라 요시코 씨(36세, 가명)는 부친이 물건을 훔치다 붙잡혔던 때의 일을 떠올렸다. 평일 오후 회사 사무 아르바이트를 하던 중 본가 근처의 경찰서에서 우에무라 씨의 휴대전화로 전화가 걸려왔다. 부친이 슈퍼마켓에서 물건을 훔치다 잡혔다는 것이었다. 요시코 씨는 상사에게 사정을 설명하고 회사를 조퇴한 뒤 곧바로 경찰서로 향했다. '돈을 아끼려고', '계산대가 혼잡해서……'라는 이유로 450엔짜리 도시락을 훔치려고 했다는 이야기를 들었다. 아버지의 지갑에는 5000엔 정도의 현금이 들어 있었다고 한다. 2년 전 어머니의 임종을 지켜본 아버지는 술을 마시는 일이 늘어 독거생활이 더욱 힘들어졌다. 할 일도 없고 외롭다며 그 전까지는 거의 해본 적도 없던 파친코(일본의 합법적인 도박 게임-옮긴이)에 **빠져들게** 됐다.

"아버지는 옛날부터 바보처럼 성실하게 일해온 사람이었습니다. 자기 고장 회사에서 40년 가까이 근무해 저축도 연금도 충분히 있었을 텐데……."(요시코 씨)

슈퍼마켓과 원만하게 합의를 보고 아버지는 엄중한 주의를 들은 뒤 집으로 돌아왔다. 요시코 씨는 그날 부친과 함께 친정에서 하룻밤을 지냈다고 한다. 하지만 며칠 뒤 생각지도 못한 일이 요시코 씨를 덮쳤다. 아버지가 물건을 훔쳤다는 이야기가 회사에 쫙 퍼지면서 '범죄자의 딸'이라는 차가운 시선을 받게 된 것이다. 결국 아르바이트를 그만둘 수밖에 없었다.

요시코 씨는 4살 연상인 남편과 3살짜리 장남과 함께 셋이서 도쿄에 살고 있다. 현재 아버지를 도쿄로 불러 함께 모시고 살 생각도 하고 있지만, 범죄를 저지른 아버지와 함께 사는 것이 아이에게 나쁜 영향을 줄 수 있다며 남편이 그렇게 달갑게 생각하지 않는다고 했다. 데즈카야마대학의 하나다 모모조 부교수(범죄심리학)는 말한다.

"고령자의 절도가 증가하고 있는 요인 중 하나는 혼자 사는 고령자가 늘어나는 등 가족의 형태가 변하고 있기 때문입니다. '고립'이 범죄를 일으키는 요인이 되고 있는 거겠죠. 가족에게도 주변 이웃에게도 관심을 받지 못하고 인정받지 못하게 되면, 범죄를 억제하는 능력이 낮아질 수밖에 없습니다."

**탈, 노후빈곤**

하나다 부교수는 형무소를 비롯한 교정시설에서 30년 이상에 걸쳐 심리기관(수감자나 비행 청소년들을 상담하며 범죄의 배경과 원인을 분석하고 새로운 길로 인도하는 심리 전문가. 국가 공무원-옮긴이)으로 일하면서 많은 고령 수감자들을 만나왔다.

65세 이상의 독거세대가 늘고 있다.《고령사회백서》(2015년판, 내각부)에 따르면 혼자 사는 고령자 세대는 1980년 91만 세대(전체의 10.7%)에서 2013년에는 573만 세대(전체의 25.6%)로 늘어났다. 고립을 막기 위해서는 어떻게 해야 할까. 하나다 부교수는 이렇게 말한다.

"자신의 '존재 의미'를 느낄 수 있도록 뭔가 역할을 가지는 것이 좋겠지요. 예를 들면 손자에게 그 고장의 채소나 과일을 보내 달라면서 슬며시 부탁해보는 거죠. (손자가) 이를 받아들이면 고맙다면서 답례를 해줍니다. 그러면 고령자는 자신이 필요하다는 생각이 들어 물건을 훔치겠다는 마음이 싹 사라지게 되지 않을까요."

가가와대학의 오쿠보 도모오 부교수(범죄심리학)도 고령자의 절도는 고립된 생활이 큰 요인으로 작용하고 있다고 지적한다. 훔친 물건을 사기에 충분한 돈을 갖고 있는 경우도 많다. 대화 상대가 없다는 등 사회적인 고립이 절도를 유발하는 요인이 되고 있다고 보는 것이다. 사회와의 접점이 없는 까닭에 주변 가까이에서부터 악행에 손을 물들이게 되고 마는 것이다.

오쿠보 도모오 부교수는 현재 가가와 현 경찰과 합동으로 절
도 대책을 마련하고 있다. 물건을 훔친 용의자 180명(그 가운데
고령자는 42명)을 조사해봤더니 고령자는 다른 세대와 다르게 가
게에 들어가서야 물건을 훔칠 결심을 한 경우가 많았다. 특히
초범자에게 그런 경향이 있다. 조사 결과 고령자 중 많은 사람
들이 방범카메라의 사각지대를 골라 범행에 나서지만, 이러한
방범기구보다는 점원이 말을 걸 때 더욱 경계심을 갖게 되어 범
행을 단념하는 특성이 있음을 알게 됐다.

오쿠보 부교수는 슈퍼마켓이나 편의점의 점장과 점원들에게
직접 물어보았다. 가게 측은 원래 절도를 적발해도 도둑 취급을
했다가는 손님에게 불만을 들을 수 있기 때문에 이를 피하기 위
해 가게 밖으로 나간 뒤 말을 거는 것이 일반적이었다. 하지만
이러한 대응은 절도를 억제하는 관점에서 보면 반드시 옳은 것
만은 아니라고 충고한다.

여기서 생각해낸 것이 고령자뿐만 아니라 절도를 미연에 방
지하는 가게 만들기 운동이었다. 뭔가 의심스러운 행동을 하는
사람이 있으면 다가가 얼굴을 익혀두었다는 생각이 들도록 눈
을 맞출 수 있도록 점원들을 지도하고, 손님이 상품을 숨겨 가
지고 나가는 것을 봤다면 "장바구니를 사용하시지요"라며 말을
건넨다. 뭔가 좀 수상하다고 생각돼도 말을 걸기 어려운 경우에
는 여러 점원들이 한꺼번에 말을 거는 등 절도 방지 매뉴얼을

작성해 점포에 적극적으로 권했다. 그 결과는 어땠을까.

2011년 2월에 도입한 매뉴얼을 착실하게 실천한 결과, 1700건 전후의 추이를 보였던 가가와 현의 절도 확인 건수는 2012년에는 약 1300건으로 감소해 이러한 대처 방식을 '가가와 방식'이라고 부르게 되었다.

절도 대책 컨설턴트 이토 유 씨는 말을 거는 행동이 중요하다고 강조한다.

"가게 안에서 돈을 내지 않은 상품을 가방에 넣어도 죄를 따지기는 어렵습니다. 이 시점에서 말을 걸어 미수에 그치게 하면 상품의 손실도 줄이고 검거되는 사람도 줄게 되지요. 경찰에 통보할 필요도 없습니다. 적극적으로 말을 거는 행동은 손님을 친절하게 대할 수 있는 동시에 효율적인 방범수단이 될 수 있습니다. 상점 분위기도 밝아집니다."

## 형무소 안에서는 노인이 노인을 돌본다

고령자 절도는 여성의 경우, 미래에 찾아올 경제적인 불안 때문에 지금 저축한 돈을 절약하기 위해 범행에 이르는 경우가 눈에 띈다. 남성의 경우, 생활비가 부족하기 때문이라는 이유를 대는 피고인이 적지 않다.

71살의 남성이 2015년 8월 중순 도쿄의 편의점에서 만화책

한 권(630엔)을 훔쳤다가 절도죄로 붙잡혔다. 길거리 생활을 몇 십 년이나 계속해온 이 남성은 돈이 없어서 범행을 저질렀다고 했다. 징역 1년의 유죄판결을 받았는데 절도로 복역하게 된 것은 이번이 2번째이다. 형무소를 나온 지 불과 반년 밖에 지나지 않은 때였다.

변호사는 피고인이 차라리 형무소에 들어가고 싶어 하는 것 같았다며 한숨을 쉬었다. 고령범죄자가 늘면서 실형을 선고받는 사람의 연령도 높아지고 있다. 법무성의 교정 통계에 따르면 60세 이상의 수감자 수(매년 말 시점)는 2004년에는 7111명(전체의 11.1%)이었지만 2014년에는 9736명(전체의 18.4%)으로 증가했다.

하나다 부교수는 수감자들끼리 서로 도우며 노인이 노인을 돌보는 현상이 일어나고 있다며 한숨을 쉰다. 형무소의 보살핌을 받기 위해 다시 돌아오는 고령자도 적지 않다고 말한다. 출소 후에 충분한 복지를 받지 못하기 때문에 생활이 어려워져 계속해서 범죄를 저지르게 되는 것은 아닐까.

이러한 문제의식을 가지고 2006년에 법무성 교정국이 조사해본 결과 만기 석방자 1만 4503명 가운데 약 7200명이 친족을 통한 신원 인수를 하지 않았으며, 이 가운데 1000명은 고령이나 장해가 있어서 사회에서의 자립이 곤란한 것으로 밝혀졌다.

65세 이상의 만기 출소자가 5년 이내에 형무소에 다시 들어오는 확률은 약 70%. 또 수감자 2만 7024명 가운데 4101명이 지적장해자(의심되는 사람까지 포함)이고 복지 지원을 받기 위해 필요한 '요육수첩'(지적장해아 및 장해자를 대상으로 도도부현지사가 교부해주는 장해자 수첩-옮긴이)을 지닌 사람은 26명에 지나지 않았다.

후생노동성과 법무성이 손을 잡고 2009년부터 고령과 장해 때문에 자립이 힘든 사람들을 출소 뒤 곧바로 복지 서비스(요양, 연금, 의료, 주거 등)와 연결시켜주기 위한 시책을 펴고 있다. 지역 생활 정착지원센터를 모든 도도부현에 세웠다. 교정시설에 머무르는 기간부터 생활보호를 받고 요육수첩을 취득하기 위한 조언을 듣거나 복지시설에 들어가는 시기를 조정한다.

또 교정시설에서도 고령화가 진행됨에 따라 복지 지원이 반드시 필요하다(법무성 교정국 성인 교정과)는 판단 아래, 2014년도부터 형무소와 의료 형무소 등에 사회복지사 자격을 가진 '복지 전문관'을 배치하고 있다(현재 26개 교정시설). 전국의 검찰청도 상황에 따라 기소유예를 하거나 공판에서 기소유예 판결을 내려줄 것을 요구하고 있는 추세이다.


**사회복귀를 가로막는 '편견'**


하지만 하나다 부교수는 지금의 체제로는 충분하지 않으며, 특히 편견을 없애는 것이 무엇보다 중요하다고 주장한다. 실제로 교정시설을 나온 사람이 지역 사회에서 정착해 생활하기가 쉽지 않다. 그런 사람은 원래 지역 사람들과 잘 교류하지 못하는 경우가 많다.

사회 복귀를 저해하는 요인은 그것만이 아니다. 하나다 부교수는 지역 사회와 어울리기 위해서는 그 지역 주민들의 이해가 꼭 필요하지만, 죄를 저지른 사람에 대한 주위의 시선은 매우 냉혹해 받아들이지 않으려는 복지시설도 적지 않다고 지적한다.

하나다 부교수가 어느 형무소에 근무했을 때, 형무소를 나와도 몸을 맡길 데가 없는 사람들이 생활지도를 받으며 자립할 수 있도록 하는 갱생보호시설이 문을 열려고 하자 치안 악화를 걱정하는 주변 주민들의 반발로 보호관찰소가 고심했던 적이 있었다. 하지만 주민들의 불안 요인 중 많은 부분은 편견이라고 한다.

"생각지 못했던 이유가 생겨 그들과 같은 어려움에 처하게 될 가능성은 누구에게나 있는 것인데 말입니다……."

하나다 부교수는 깊이 한숨을 쉰다. 고령자를 고립시키지 않는 지역 사회를 만드는 것. 그것이 당신의 부모님을 범죄자로 만들지 않는 최선의 방법이다.

_가나자와 다쿠미(金澤 匠)

## 생활고와 노인부양이 만든 비극
### _____ 노부부와 딸의 동반자살

**홀로 살지 않아 안부 확인 대상에서 벗어나기 쉽다**

2015년 11월 21일, 사이타마 현 후카야 시에서 노부부와 딸이 생활고를 원인으로 동반자살을 기도했다. 생활보호를 신청한 지 이틀 후의 일이었다.

차가운 도네강에서 노부부의 시신이 발견됐다. 부부의 셋째 딸(47세)이 양친을 차에 태운 채 하천으로 들어갔다고 한다. 가족 셋이 동반자살을 꾀했지만, 셋째 딸은 죽지 못했던 것으로 보인다. 셋째 딸은 23일, 어머니(81세)에 대한 살인과 아버지(74세)에 대한 자살방조 혐의로 체포됐다. 그녀는 경찰 조사에서 이렇게 진술했다.

"생활이 어려워 치매인 어머니를 돌보기에 지쳤다. 아버지가 죽고 싶다는 말을 해서 가족 셋이 강에 들어갔다."

이 집에는 셋이 생활하고 있었는데, 어머니는 10년 전부터 치매 증상이 있었다고 한다. 이웃 여성(71세)은 한참 전에 일을 그만둔 딸이 헌신적으로 어머니를 간호해왔다고 기억했다. 하지만 공적인 개호 서비스는 받지 않았다.

부친이 몇십 년 동안 근무했던 근처 구마가야 시내의 신문판매소 소장(58세)은, 사망한 부친이 이전 "내가 움직일 수 없게 되면 그걸로 끝이다"라는 말을 한 적이 있었는데, 개호 서비스를 받아보면 어떠냐고 말했더니 그동안 마누라를 고생시켰으니 이제는 내가 보살필 거라고 답했다고 했다.

실제로 부친은 사건 10일 전 병 때문에 신문 배달일을 그만뒀다. 오른팔을 움직이기 어려워지고, 가까운 시일 내에 목 수술을 받아야 한다는 말을 했다고 한다. 그의 월급은 월 18만 5000엔이었다.

식구 셋이 사는 임대주택의 월세는 월 3만 3000엔이었다. 집주인 여성(73세)의 말에 따르면, 30년 쯤 전부터 살고 있었는데 월세는 한 번도 밀린 적이 없었다고 한다. 하지만 집안의 기둥인 아버지가 병이 들자 가족들은 공적 지원을 받기로 했다고 한다.

셋째 딸은 11월 2일 후카야 시청을 방문해 생활보호제도에 대한 설명을 듣고 어머니를 위해 개호 서비스도 신청했다. 생활보호가 지급되려면 한 달 정도가 걸리지만 다음 주에는 아버지가 월급을 받을 예정이라 당장 필요한 임시 대출이나 비상식 배급 신청은 거절당했다고 한다.(시청 직원)

17일 시청을 다시 찾은 셋째 딸은 생활보호 수급 신청서를 가지고 돌아왔다. 그 이틀 뒤, 시청 직원 2명이 자택을 방문해 모두 작성한 신청서를 받아갔다. 세대의 수입 상황을 조사하는 등 지급 개시를 위한 절차가 막 시작된 즈음이라고 한다. 근처의 여성(67세)은 사건이 일어나기 4~5일 정도 전에 셋째 딸을 만났다. 밝은 모습으로 "안녕하세요"라며 말을 걸어왔다고 한다. "어머니 돌보는 일은 괜찮냐?"고 물었더니 괜찮다며 웃는 얼굴로 대답했다며 사건을 믿기 어려워했다.

동반자살을 막을 수는 없었을까. 지구 자치회장인 남성(77세)은 "몇 년 전 셋째 딸이 연간 4800엔 하는 자치회비를 내지 못해 자치회를 나가고 싶다는 신청을 하기에 받아들였다. 자치회를 나가면 고립되기 쉽지만 집안의 사정도 있고 한 것 같아서…"라며 회상했다.

지구 민생위원회 여성(51세)의 말에 따르면 안부 확인은 혼자 사는 집을 대상으로 하기 때문에 세 식구가 함께 사는 집은 대상에서 제외했다고 했다.

## 고민 끝에 치매에 걸린 부인을 살해

2015년 2월, 삿포로 시 동구에서 답답한 현실을 상징하는 사건이 일어났다.

8일, 치매에 걸린 부인 A 씨(71세)를 목 졸라 살해한 남편(71세)이 살인 용의로 홋카이도 경찰에 체포됐다. 전날 밤 집으로 돌아온 회사원 장남(42세)이 침대에서 죽어 있는 어머니를 발견하고 경찰에 통보했는데, 그 옆에는 아버지가 목과 손목을 칼로 긋고 상처를 입은 채 누워 있었다

조사에서 아버지는 '부인을 간호하는데 지쳤다'며 혐의를 인정했다. 동반자살을 꾀했지만 죽지 못한 것으로 보인다. 언론보도에 따르면 부인은 곧 입원할 예정이었으며 거실 책상 위에는 '미안해, 여보. 병원은 이제 됐잖아' 같은 내용이 적힌 메모가 있었다.

"주변 사람들이 부인을 병원에 데려가라고 남편에게 이야기한 모양이에요."(근처 주민)

피해자 A 씨는 2층 건물에 방 5개짜리 임대주택에서 남편과 장남과 함께 살고 있었다. 월세는 약 7만 엔. 이곳에는 7, 8년 전에 이사왔다고 한다. 근처 사람들의 말을 종합하면 A 씨에게는 치매로 보이는 증상이 있어 개호가 필요한 상태였던 것 같다. 근처에 사는 여성은 작년(2015년) 가을, 비가 내리는 오후에 우

산도 쓰지 않고 흠뻑 젖은 채 걸어가는 A 씨의 모습을 발견했다. 10월 말쯤이 되면 홋카이도는 꽤 추워진다. 코트도 입고 있지 않아 보다 못해 "집으로 가요. 이쪽이에요"라고 말을 걸어 집으로 데리고갔다고 한다. 어떤 남성은 아주머니가 집을 찾지 못해 경찰에 이야기해 순찰차로 몇 번인가 집까지 데려다준 적이 있다고 증언했다. A 씨는 책 읽는 것을 좋아해 도서관에 다니는 한편 사교성이 좋고 밝은 성격으로 여행이나 식사 등 마을 행사에도 적극적이었다.

"4, 5년 전 온천여행을 갔을 때 같은 방을 썼던 A 씨가 몇 번이나 화장실용 슬리퍼와 방에서 신는 슬리퍼를 바꿔 신었습니다. '건망증을 치료하는 곳이 있는 것 같으니 한번 가보면 어때요'라고 이야기했더니 '그러죠'라는 대답만 하더군요…."(근처 주인)

"지난 해 여름에는 우리 집 현관에서 A 씨가 아무 말 없이 슬며시 웃고 서 있었습니다. 자기 집인 줄 착각하고 있는 것 같아 집까지 데려다줬어요."(근처 주민)

사교적인 부인과 달리 남편은 근처의 사람들과 이렇다 할 교류가 없었고, 장남도 말수가 적고 조용한 성격이었다고 한다. 주민들은 남편이나 장남과는 이야기해본 적이 없었다. 인사를 하면 그냥 대답을 해주는 정도였다고 말했다. 미장 공사일을 하던 남편은 5년 정도 전에 은퇴한 뒤 부인을 돌보게 된 것 같다고 했다. 행정 담당자에게 물으니 대답할 수 없다며 끝내 이야기해주지 않았다. 개호보험 같은 공적인 지원을 포함해 필요한 서비스를 받지 않았던 것으로 보인다.

과묵하고 외골수로 살아온 남편이 고민이나 어려움을 누구에게도 털어놓지 못하고 치매에 걸린 부인을 혼자 힘겹게 돌봤을 모습이 그려진다. 용의자가 된 남편은 왜 긴급신호를 보내지 않았던 것일까. 이곳 지구의 민생위원 말에 따르면 상담을 신청한 적이 전혀 없었다고 했다. 주민들 역시 자신들에게 상담해왔다면 무언가 도움을 줄 수 있었을 것이라며 안타까워했다.

"남성들은 개호에 몰두하는 나머지 주위로부터 고립돼버리는 경향이 있다"고 '홋카이도 남성 개호자와 지원자 모임'의 고쓰가이 가즈히로 대표(55세)는 지적한다.

"많은 남성들의 경우 근처 사람들과 교류가 부족해, 일이 생겼을 때 고민을 상담하지 못합니다. 오히려 다른 사람에게 신세를 지고 싶지 않다고 생각하지요. 그러다가 한계를 넘어버리는 때도 있습니다. 성실하게 열심히 돌보는 사람일수록 한계 상황에 내몰리기 쉽습니다."(고쓰가이 대표)

마찬가지로 노인 개호를 경험한 도쿄의 다나카 미노루 씨(73세, 가명)는 자신의 경험을 이렇게 말한다.

"다른 사람들에게 폐를 끼칠 정도라면 둘이서 죽는 편이 낫다는 생각까지 했지요."

## SOS 신호를 쉽게 보낼 수 있는 체제를 만들어야 한다

개호생활을 지탱해주는 것은 다른 개호자나 지원자와의 접촉이었다. 다나카 씨는 최근 4년 동안 치매로 개호 2급인 부인(71세)을 집에서 간호해왔다. 두 사람은 1층 단독주택에서 살고 있다. 부인의 건망증이 눈에 띄게 심해졌을 때, 지인에게 그 고장의 '개호자 모임'이 있다는 이야기를 들었다. 처음에는 '여성들만 있는 곳은 좀 불편하다'고 생각했지만, 비슷한 연령대의 남성도 몇 명 있는 것을 알고 안심했다고 한다.

"다른 남성 개호자의 이야기를 들으면서 혼자만 고민을 안고 있는 것은 아니라는 생각이 들었습니다. 우울한 기분을 달랠 수 있고, 서로 어려운 점이나 고민을 털어놓을 수 있는 것은 감사한 일이죠."(다나카 씨)

의사에게 부인의 증상이 치매라는 진단을 받은 후 개호 서비스에 관해 배우고, 부인은 개호보험의 개호 필요 인정을 받을 수 있었다. 다나카 씨는 복지시설을 찾으면서 가정방문 도우미를 요청했다.

"혼자서 집에만 틀어박혀 있으면 뭐든 나쁜 방향으로만 생각하게 됩니다. 더 빨리 상담했더라면 좋았을 겁니다."

앞에서도 이야기한 고쓰가이 대표 역시 '노노개호(노인들끼리 서로를 돌보는 일-옮긴이)가 넘쳐나게 되는 건 무서운 일'이라며 한숨을 쉬었다. 하지만 사회보장비용이 지속적으로 팽창하는 가운데 자택 개호는 계속 늘어나 이러한 노노개호는 앞으로 더욱 증가할 것으로 보인다.

후생노동성이 지난해 여름 공표한 국민생활 기초조사(2013년)에 따르면, 개호가 필요한 65세 이상의 고령자가 있는 세대 가운데 개호를 하는 사람도 65세 이상인 세대는 51.2%로 2001년부터 조사를 시작한 이래 처음으로 50%를 넘었다.

게다가 치매 역시 늘어나고 있다. 후생노동성 연구반에 따르면, 환자 수는 462만 명(2012년 시점 추산)이지만 다른 연구반의 추계를 보면 2025년에는 약 700만 명까지 증가해 65세 이상 노인의 5명 가운데 1명 꼴이 될 것으로 내다보고 있다.

초고령화와 함께 전례가 없었던 치매사회가 곧 닥쳐올 것이다. 삿포로에서 일어난 사건과 같은 비극을 막기 위해선 환자 본인을 위한 지원은 물론, 돌보는 측의 부담을 덜어주는 것도 중요하다.

세이레이크리스토퍼대학 오타 데이지 교수(개호복지론)는 다음과 같이 말한다. "돌보는 사람도 지원이 필요하다는 사실을 인식하고, 상황을 정확히 파악해 적절한 지원을 제공해야 합니다. SOS 신호를 쉽게 보낼 수 있는 체제를 만드는 것이 중요하고 개호자 모임이나 치매 카페 등을 더욱 늘리는 것이 바람직할 것입니다."

그럼에도 불구하고 주위에 고민을 말하지 못하는 개호자가 있다면 어떻게 하는 것이 좋을까.

"포괄 지원센터나 보건사, 사회복지사들이 적극적으로 자택을 방문하며 상담하는 것이 효과적일 것입니다."(오타 교수).

누구에게도 상담하지 못하는 상황에 내몰린 개호자가 우울증에 빠지는 경우도 많아 적절한 지원이 필요하다고 한다. 정부는 앞으로 조기 진단과 적절한 의료·개호 체제를 구축하기 위해 2016년까지 모든 시정촌에 복수의 전문직을 파견하여 초기 집중 지원팀을 둘 방침이다. 그렇게 하면 환자 본인뿐 아니라 개호자의 부담도 줄어들 것으로 기대된다.

빈번하게 발생하는 개호를 둘러싼 사건을 생각한다면 이미 늦었다는 느낌을 지울 수 없다. 하지만 점점 나아지고 있는 것은 틀림없다. 생사의 분기점에 선 환자와 가족을 어떻게 도울 것인가 하는 일은 결코 남의 일이 아닌 것이다. 고립되어 살아가는 생활 빈곤자들을 지역 정보망을 통해 찾아내고, 당사자 역시 망설이지 않고 곧바로 SOS 신호를 보내는 것. 비극적인 사건을 되풀이하지 않기 위한 원칙이라고 할 수 있다.

_가나자와 다쿠미(金澤 匠)

# 제 5 장

지금이라도 늦지 않았다

# 고령자를 위한
_____ 탈(脫) 빈곤, 탈(脫) 고립 대책


## 생활 파탄을 막기 위해 꼭 해야 할 일들


지금까지 많은 사례를 통해 노후를 빈곤하게 만드는 '함정'을 알아봤다. 이제부터는 이미 빈곤한 상태에 있는 사람이나 그러한 위험성이 있는 사람이 의지할 수 있는 제도나 마음가짐에 대해 생각해보고자 한다.

　일본의 사회보장제도나 복지제도의 대부분은 신청을 해야 혜택을 받을 수 있게 만들었기 때문에 잘 알지 못하면 이용할 수 없다. 곤란을 겪을 때, 막다른 골목에 몰렸을 때 의지할 수 있는 제도가 있는지 지인이나 공공기관에게 문의하는 습관을 들이도록 하자. 파이낸셜 플래너인 후카다 아키에 씨는 이렇게 말한다.

"제도를 알고 이용하는 습관을 70~80대가 돼서 몸에 익히려면 늦습니다. 은퇴 전부터 키워두도록 합시다."

## 공적제도를 잘 이용한다

연금 감액, 후기 고령자 의료 보험료 인상, 병원비 부담 증가, 소비세 인상… 등 연금, 의료, 개호에 관한 사회보장제도가 개정되면서 국민 부담은 점점 더 가중되고 있다. 그 때문에 은퇴 전부터 노후를 염두에 두고 인생을 설계하는 것이 중요하다.

예를 들어 자신이 어느 정도의 연금을 받게 될지 일본 연금 기구가 발행하는 연금 정기편을 통해 확인해두거나, 병에 걸렸을 때의 의료비를 예상해보는 등 고령기의 수입과 의료비를 미리 알아두는 노력이 필요하다. 충분하지는 않더라도 일본은 공적 의료보험이 있기 때문에 고액요양비제도 등을 이용하면 어느 정도 저금을 해둔 경우 병도 극복할 수 있다. 제1장에서 소개한 의료비 조성제도(의료비가 지나치게 많은 경우 저소득자나 고령자를 위해 자치단체나 국가에서 의료비의 일부를 부담해 주는 제도-옮긴이)를 기억해두자.

그 밖에도 수입이 줄어들어 생활자금에 쪼들리고 있다면 지자체의 사회복지협의회가 실시하는 생활 복지금 대부제도를 이용할 수 있다. 65세 이상의 고령자, 저소득자, 장해자 등을 대상으로 한 제도다. 은행이나 소비자 금융 같은 곳에서 돈을 빌리는 것보다 금리가 낮다.

소비자 금융 등에서 돈을 빌려 곤란을 겪고 있을 때는 곧장 법률가에 상담하자. '법 테라스'(일본 사법 지원 센터)에 연락하면 무료로 법률 상담을 안내해준다.

공공기관의 신세를 지고 싶지 않다는 생각에 저항감을 가지는 사람이 많지만, 생활보호는 헌법 25조가 정해놓은 '건강하고 문화적인 최저한의 생활을 보장'하기 위해 확립된 제도다. 생활비에 해당하는 생활보조나 월세를 충당해주는 주택 보조를 비롯해, 의료, 교육, 개호, 출산, 생업(고교 취학비 등), 장례 등 8가지의 보조로 이루어져 있어, 가족 수와 지역 차이 등의 기준을 근거로 최저 생활을 정의하여 거기에 밑도는 수준에서 생활하고 있는 사람들에게 지급된다.

지급 금액은 도쿄 23개구의 경우 70세 이상 독신자에게 생활보조 약 8만 엔, 여기에 주택 보조(월세) 상한가인 약 5만 엔을 더한 금액인 13만 엔 정도이다.

수입이나 자산을 합쳐도 생활보호 기준금액을 밑도는 경우에 이용할 수 있다. 기준을 넘는다고 해도 세금이나 보험료, 의료비나 개호비용 등 상황에 따라서 생활보호를 이용할 수 있다. 집이나 자동차를 갖고 있어도 이용할 수 있는 경우가 있다.

여러 고령자를 취재하면서, 생활이 곤란할 때 공적인 복지제도를 이용하는 것은 당연한 권리인데도 불구하고 부끄럽거나 떳떳하지 못하다는 생각을 가진 사람이 많다는 사실을 통감했다. 살기 위한 권리를 쉽게 행사할 수 있는 사회적 분위기를 만들어가야 할 것이다.

## 최대의 예방책은 '건강 유지'

공적연금의 지급 개시 연령이 67~68세로 늦춰질 것이란 사실에 많은 전문가의 의견이 일치하고 있다. 평균수명이 일본보다 짧은 독일도 67세, 영국도 68세로 결정됐다. 연금 지급이 늦춰지는 것은 기정사실이며, 지급 금액 역시 어느 세대나 20~30%가 삭감될 것을 예상하고 있으므로 이에 맞춰 노후를 설계하는 것이 좋을 것이다.

저금은 물론 위험부담을 줄여가면서 투자할 수 있는 방법이 있다면 시작하도록 하자. 하루라도 빨리 시작해야 무리 없이 노후 자금을 마련할 수 있다. 열심히 일하는 것도 물론 중요하다. 전업주부도 일을 시작한다면 두 배로 힘이 된다.

주택 장기 대출이 있는 경우 될 수 있는 한 빨리 갚아야 한다. 생명보험을 다시 살펴보는 등 알뜰하게 지출을 줄인다. 공적연금을 받기 시작하기 전까지 먹고 살 돈도 생각해두도록 하자. 최근 주목을 받고 있는 지방 생활도 노후 빈곤을 막는 한 수단이 될 수 있다. 또한 오랫동안 일할 수 있도록 건강을 유지하는 것이 노후 파산을 막는 최대의 예방책이다.

## 부모 요양으로 인해 커리어를 다시 고려하다

인생은 '50세 시대'에서 '100세 시대'로 변했다. 수명의 연장과 함께 누구나 무시할 수 없게 된 것이 바로 개호이다. 2012년의 총무성 조사에 따르면 일하면서 노부모를 돌보는 사람은 291 만 명으로 남성이 131만 명, 여성은 160만 명, 가장 많은 것이 40~50대이다.

부모의 요양을 이유로 직장을 그만두는 사람이 연간 10만 명 이나 되며(총무성 취업구조 기존 조사) 직장을 옮길 예정인 사람들 은 40만 명이나 된다. 법률로 정해진 개호 휴가 기간은 통산 93 일이지만 기간이 짧고 이를 나눠서 쓸 수 없어 불편하다는 지적 을 받아왔다. 현재 개호 휴가를 이용하는 사람의 비율은 2012년 기준 3.2%에 지나지 않는다. 후생노동성은 개호 휴가를 나눠서 쓸 수 있도록 하거나 휴가 중에 지급되는 금액의 수준을 40%에 서 67%로 올리는 등 제도를 고치려 하고 있다.

정부가 새롭게 내놓은 3가지 목표 가운데 하나가 가족을 돌보 기 위해 이직하는 사람을 없애기 위한 '개호 이직 제로'이다. 이 직은 개인의 연봉을 급격히 감소시킬 뿐 아니라 기업도 인재를 잃게 되므로 경제성장을 가로막는 심각한 문제라고 국가가 보고 있기 때문이다. '메이지 야스다 생활복지연구소'와 '다이야 고령사회 연구재단'이 2014년 9월에 실시한 조사에 따르면, 개호 이직자의 이직 후 평균 연수입은 약 40% 감소했고, 특히 여성은 수입이 절반으로 줄었다.

수명이 늘어난 만큼 더 살아야 하는 데다 40~50대에 이직하는 것이 노후 빈곤의 방아쇠가 되기 쉽다. 직장을 그만두지 않기 위해서는 나이 든 노부모를 돌보는 상황을 이해해주는 동료를 주변에 만들어두거나, 자신의 어려운 사정을 잘 알려두는 것이 중요하다.

## 일을 그만두고 새로운 인생을 개척하는 선택지

얼마 전까지만 해도 노인을 돌보는 사람은 며느리나 부인 등 여성이 대부분이었지만 '케어맨'이라는 말이 보여주듯, 최근에는 남성 도우미도 늘고 있다.

남성 도우미라고 하면 학대나 폭력 사건 같은 것에 초점이 맞춰지는 경향이 있지만, 최근에는 개호를 회피하려 하지 않고 '공존'하려는 삶의 방식이 드러나고 있다. 새로운 라이프 스타일을 이끌어가는 사람들이 생겨나고 있는 것이다. 그러한 사람들의 사례를 여기서 소개하도록 하겠다.

인기 블로그 '40세부터의 원거리 개호'(http://40kaigo.net)
의 운영자 구도 히로노부 씨(43세). 33세 때 부친이 뇌경색으로
쓰러진 후 처음으로 개호 이직을 경험했다. 그 후 알츠하이머형
치매에 자궁경부암을 앓았던 할머니와 전두 측두엽 치매를 앓
고 있는 어머니를 함께 개호하면서 40대에 2번이나 이직을 하
게 됐다.

2년 전 할머니가 돌아가시고 모리오카와 도쿄를 왕복하면서
홀로 사는 어머니(72세)를 계속 돌보고 있다. 상당히 힘들 것 같
은데도 이직한 것을 후회하지 않고 오히려 즐기고 있다며 웃는
얼굴로 이야기한다,

"아버지가 쓰러졌을 때 할머니도 어머니도 개호가 필요한 상
태가 될지 모르니 미리 준비해야겠다고 뼈저리게 느꼈습니다.
회사원이면 시간에 제약이 있으니 유연하게 개호를 할 수가 없
습니다. 회사에 의존하지 않으면서 먹고 살 돈을 마련하기 위해,
즉 부업을 가져야겠다는 생각이 들어 움직이기 시작했습니다."

부친은 목숨을 건졌으며, 구도 씨도 새롭게 취업할 수 있었지
만 그때부터 현재의 생업수단이 된 블로그를 쓰기 시작했다. 할
머니와 어머니가 모두 치매에 걸려 돌보기 시작한 3년 전에는
블로그를 하며 벌어들이는 수입만으로 생활할 수 있었다고 한
다. 구도 씨의 이야기를 통해 개호와 회사 근무를 양립하기 위
해서는 무엇보다도 시야를 넓게 가지는 것이 중요하다는 사실

을 배울 수 있다.

많은 기업들이 정년을 65세로 연장하고 있지만 다시 고용돼 계속 일을 하게 돼도 월급은 그전보다 줄어들고 예전의 부하직원 밑에서 일해야 하기 때문에 스트레스를 받는 중장년층이 적지 않다. 그래도 연금을 받을 수 있는 나이가 늦어졌기 때문에 참고 계속 일해야만 한다. 때문에 회사와 이별을 고하는 선택지도 생각해볼 수 있다.

"절대 그만둘 수 없다는 생각만 하면 더욱 자신을 궁지로 내몰게 됩니다. 개호와 일을 양립하기 위해서는 여러 가지 모습을 생각할 수 있습니다. 그만둬서는 안 된다는 생각은 지금의 생활을 있는 그대로 유지하는 것을 전제로 하는 이야기며, 자신의 일하는 방식과 직업은 지금 이대로가 괜찮은 것인지, 수입에 맞지 않는 지출을 하고 있지는 않은지, 소비사회에 휩쓸리고 있지 않은지 하는 생각을 하며 180도로 사고를 전환해보면 어떨까요."(구도 씨)

생각해보면 개호를 중심으로 하면서 남는 시간에 일을 하는 것이 지금 시대와 더 잘 어울린다. 조직에 속해 있기 때문에 정규 사원이라고 해서 안정을 얻을 수 있었던 시대는 끝났다. 개호의 유무와 관계없이 70세가 넘어도 은퇴하지 않고 계속 일할 수 있도록 40대부터 장기 전망을 갖는 것이 100세 시대에 필요한 준비 작업이다.

스스로 벌고 언제라도 이직할 수 있는 프리 에이전트 샐러리맨이라는 생각을 가지고 매일 기술을 닦아가면서 업무에 임하는 태도야말로 본격적인 개호 시대를 맞이하는 업무 방식이라고 할 수 있지 않을까. 그렇게 준비해둔다면 언제든지 개호가 필요해졌을 때 당황하지 않고 인생의 노선이 조금 바뀐 것뿐이라는 생각을 가질 수 있을 것이다.

그렇다고는 해도 아무 준비도 없이 조직을 떠나는 것은 무모한 일이다. 이직을 위해 꼭 저금을 하고 자기 기술을 쌓아두어야 한다. 구도 씨 역시 회사원 시절 받은 보너스는 거의 저축을 하면서 쓸데없는 지출을 가능한 한 삭감했다. 블로거로 수입을 얻기 위해 시행착오도 많았다.

"치매 개호는 '정보 싸움'입니다. 세미나에 부지런히 얼굴을 내밀고 책이나 인터넷을 뒤졌습니다. 또 어머니를 돌보면서 얻은 독자적인 대처법을 블로그에 올렸습니다."

건강식품부터 도움이 되는 간호 상품까지, 구도 씨의 개호는 창의적인 발상으로 넘친다. 이러한 노하우들을 최근 저서 《의사들은 절대 모른다! 후회하지 않기 위한 54가지 치매 개호 마음가짐》에 정리했다. 치매에 걸린 사람은 칭찬을 해주면 생기가 돈다. 망상 때문에 다른 사람의 험담을 하는 일이 많지만, "저 사람은 좋은 사람이네요"라며 긍정적인 대답을 반복해주면 나쁜 말을 하는 횟수가 줄어든다… 등의 내용이 실려 있다.

간호 물품도 다룬다. 치매에 걸린 사람들은 종종 물건을 도둑맞았다는 망상을 가지는데, 이를 위해서는 인터넷으로 구매할 수 있는 열쇠 탐지기를 이용하면 좋다. 또한 안부 확인 카메라인 '스마트카메라'로 멀리 있어도 어머니의 상태를 체크할 수 있다.

물론 초조해지거나 우울해질 때도 있다. 실패담을 웃음의 소재로 쓰기도 한다. 블로그에 경험담을 쓰면 객관적인 시선으로 바라볼 수 있게 돼 스트레스도 해소할 수 있다. 무엇이든 긍정적으로 받아들인다. 그러면 아무 일 없었다는 듯이 씩씩하게 개호를 시작할 수 있다는 것이 구도 씨의 신조다. 현재 개호를 하고 있는 사람에게 다시 한 번 구도 씨는 충고한다.

"개호와 회사 일을 함께 하려고 애쓰지 마시기 바랍니다. 시야를 넓게 가지면 이직을 통해 인생을 새롭게 개척할 수 있는 기회를 만들 수 있습니다. 또한 개호는 온 힘을 다해 하는 것이 아닙니다. 전력을 쏟아야 할 것은 개호를 위해 만반의 태세를 갖추고, 가능한 서비스를 모두 이용하는 것입니다."

## 확실한 정보는 입소문으로 얻는다

또 한 사람, 개호 이직을 경험한 남성의 예를 들어보도록 하겠다.

나카무라 가즈히토 씨(56세)는 49세 때 치매에 걸린 어머니 스가코 씨를 돌보기 위해 환경 잡지를 발행하는 출판사를 그만두고 프리랜서 작가가 됐다. 자택 벽은 여기저기 구멍이 움푹 패여 포장용 테이프를 붙여두었다. 나카무라 씨는 쓴웃음을 짓는다.

"어머니가 변을 보거나 말다툼을 하면서 밥그릇을 던져 생긴 자국이지요."

나카무라 씨가 회사에 다니고 있을 때 부모님은 효고 현에서 살고 있었고, 60대 중반에 뇌경색으로 쓰러진 아버지를 어머니가 혼자 10년 이상 돌봤다. 노인 두 분만 둘 수 없어서 나카무라 씨의 가나가와 자택으로 불러 함께 살기 시작했다.

"아버지가 돌아가신 지 1년 정도 지난 후부터 어머니의 치매 증세가 눈에 띄게 심각해지기 시작했습니다. 한밤중에 큰 소리를 내며 방문을 두드리거나 큰 소리를 내며 장롱에서 짐을 꺼내거나……. 무엇보다도 동네 주변을 배회하는 게 제일 곤란했습니다."

회사 일을 집으로 가져와 어머니를 주시하며 밤늦게까지 컴퓨터와 씨름하는 일도 자주 있었다. 이 때문에 몸이 망가져 병원에 입원하게 됐을 때 이런 생각을 했다.

"지금 다니는 회사에 계속 근무하는 것은 전망이 없다. 원래부터 프리랜서를 지향했으니 독립하자고 생각했습니다. 프리랜서가 되면 어머니와 함께 지내는 시간이 늘어날 수 있을 테니까요."

제5장 지금이라도 늦지 않았다

나카무라 씨 역시 수입이 염려되었지만 준비는 해두었다. 프로덕션이나 출판사의 지인에게 전화를 걸어 일을 달라고 영업을 해둔 뒤 어느 정도 전망이 서자 직장을 그만두었다. 회사에서 근무했을 때와 별반 다르지 않은 수입을 얻을 수 있게 되자 개호 시간도 조정할 수 있게 되고, 이전보다 훨씬 자유롭게 움직일 수 있게 됐다.

하지만 나카무라 씨는 직장을 그만두는 일은 될 수 있는 한 피하는 것이 좋다고 충고한다.

"일을 그만두면 금전적으로나 정신적으로 막다른 골목에 내몰리게 되고, 5~6년 정도 일에서 멀어지면 재취업의 길도 좁아지게 됩니다. 직장을 그만두지 않을 방법을 어떻게든 알아보는 게 좋습니다. 개호 서비스를 잘 이용하고 주변 사람들에게 의지하는 것도 방법입니다. 어쨌든 정보를 수집하면 뭔가 방법을 찾을 수 있으니까요."

인터넷이나 미디어를 통해 정보가 넘쳐나긴 하지만, 나카무라 씨는 사람들에게 물어보는 것이 가장 정확하다고 말한다. 어떤 개호 사업자가 좋은지, 어떤 서비스가 있는지 입소문을 통해 얻는 정보들이 보석이다. 실제로 개호를 경험한 선배의 이야기도 큰 도움이 된다. 참고로 개호가 정말 힘들다고 말하는 사람보다, 어떻게든 된다면서 긍정적으로 이야기하는 사람의 이야기를 듣는 편이 좋다고 말한다.

앞으로 1억 총 개호 시대. 사회 전체가 지금까지 일해온 방식을 새롭게 바라보는 노력이 필요하다.

## 고립을 피하자

고독사나 범죄, 사건 등 고령자가 얽혀 있는 사회문제의 배경에는 특히 고립이 존재한다고 할 수 있다. 누구의 도움도 받지 못하고 사망한 뒤에 발견되는 고독사가 적지 않다. 사후 몇 개월이 지난 뒤 시신이 발견되는 경우도 있다. 특히 홀로 사는 중장년층 남성들 중 고독사가 많다. 홀로 사는 남성이 적지 않은 이유는 장기 불황 때문에 취직이나 수입이 불안정해 결혼을 할 수 없었거나 가족이 있어도 이혼할 수밖에 없었기 때문일 것이라고 전문가들은 입을 모은다.

그리고 또 한 가지, 남성의 사회성 결여를 문제로 지적한다. 가족을 돌보고 아이를 키우는 일은 부인에게 맡기다보니 아이들과의 유대관계도 약해지고, 일 이외의 사회성은 기르지 못했기 때문이다. 정년퇴직 후에 어떻게 살아야 할지 몰라 집에 틀어박혀 지내는 독거남성이 적지 않다.

때문에 평소 근처에 사는 사람들과 활발히 교류하는 것이 좋다. 먼저 인사를 나누는 일부터 시작하면 좋을 것이다. 체면을 세우겠다는 생각은 하지 말고, 곤란한 일이 있으면 곧장 털어놓고 이야기할 수 있는 관계를 맺어두는 것이 좋다.

노후에는 돈이 많은 것보다 인맥이 많은 것을 목표로 하라는 말이 있다. 《하류노인》(아사히신문)의 저자인 후지타 다카노리 씨가 늘 하는 말이다.

"'하류노인'이라고 해도 주위로부터 고립돼 행복하지 못한 사람과 적은 연금으로도 행복하게 사는 두 부류의 사람이 있습니다. 가족이나 친구, 지역 사회와의 유대관계를 맺고 곤란할 때 상담을 하거나 도움을 받겠다는 마음이 필요합니다."

일본인, 특히 남성들 중에는 확실히 주위에 폐를 끼치고 싶어 하지 않는 사람이 많다. 좀 더 '힘들다. 날 좀 도와달라'고 의지하려는 자세를 갖는 것도 중요하지 않을까. 일에만 매달리는 남성도 회사 밖에서의 인간관계를 일찍부터 만들어두기 시작해야 한다.

## 고령자의 절도는 가볍게 넘어가지 않는다

고령자가 저지르는 범죄도 적지 않다. 그 대부분이 절도이다.

이런 범죄를 저지르는 원인으로 고독을 들 수 있다. 그렇다고 해도 모든 것을 고독 탓으로 돌릴 수는 없는 법이다.

"악질적인 상습범은 특히 거짓말을 잘합니다. 대개는 처음이라고 이야기하지요. 이름이나 생년월일 등 모든 것을 거짓으로 대는 경우도 드물지 않습니다"라고 말하며 한 방범 컨설턴트는 한숨을 쉰다. 병을 가장하는 '고수'도 있다. 치매로 의심되는 언동을 하다가도 경찰에 연락하려 하면 갑자기 무릎을 꿇고 빈다. 질문에 반응하지 않고 안 들리는 척을 하다가 의자가 넘어지는 소리에 반응하며 깜짝 놀라는 경우도 있다.

"물건을 훔치는 고령자 중 많은 사람들은 그것이 범죄라는 사실을 알고 있으면서도 나이가 든 노인이니 봐줄 것이라고 생각하는 경향이 있습니다. 붙잡혀도 사죄하고 돈만 지불하면 용서받을 수 있다는 정도로만 생각합니다. 결코 가벼운 범죄가 아니라는 생각을 하도록 만드는 것이 중요합니다."(방범 컨설턴트)

절도죄는 10년 이하의 징역 또는 50만 엔 이하의 벌금이 부과된다. 형사처분만이 아니다. 가벼운 마음으로 저지른 일이 앞에서 이야기한 것처럼 주변 가까운 사람들에게 큰 피해를 끼치게 된다는 사실을 잊어서는 안 된다.

## 곤란한 일은 주위에 상담하자

개호를 하던 사람이 돌보던 가족을 죽인다. 불안을 혼자 끌어안는 개호자의 모습도 지난해 살인사건으로 표면화됐다.

비극을 막기 위해서는 환자 본인을 지원해주는 동시에 돌보는 측의 부담을 줄여주는 것이 중요하다. 세이레이크리스토퍼

대학 오타 데이지 교수(개호복지론)는 돌보는 사람에게도 지원이 필요하다는 인식이 중요하다고 지적하고 있다.

각 지역에는 치매 가족을 돌보는 사람들이 만든 가족 모임 같은 것이 있다. 이곳에 참가해 고민이나 불안을 이야기하거나 다른 사람의 이야기를 들으며 개호에 내몰리는 것이 자신만이 아니라는 사실을 깨달을 수 있다.

뿐만 아니라 더 좋은 개호를 하기위한 지혜나 정보 등을 얻을 수도 있다. 거주 지역에 어떤 모임이 있는지는 가장 가까운 지역 포괄 지원센터 등에 문의해서 알아볼 수 있다.

사교성이 부족한 남성들을 위한 모임도 적지 않다. 도쿄 스기나미 구의 남성 모임을 취재하러 간 적이 있다.

한 60대의 남성은 개호 2급인 어머니와 둘이 생활하며, 2년 정도 어머니를 돌보고 있었다. 이 남성도 갑작스럽게 노모를 돌봐야 하는 상황에 처했을 때는 당혹감과 불안감으로 우울증을 앓았다. 잠도 자지 못하고 몸이 계속 안 좋아져 집에 틀어박혀 있는 일이 많아졌다.

가족의 병이 깊어지면서 그 끝이 보이지 않을 때 개호자는 스트레스를 받게 된다. 개호에서 벗어나고 싶다는 마음을 가지는 한편, 그런 생각을 한다는 사실 자체에 죄의식을 느낀다. 모습이 변한 가족을 보면서 이제 건강한 모습으로 돌아오지 못한다는 상실감을 갖게 된다고 남성은 말한다. 그렇기 때문에 더 나은 개호를 하기 위해서라도, 개호를 하는 사람은 때로 거기에서 벗어나는 시간이 필요하다.

이 남성의 경우, 개호자 모임에 나오면서부터 우울증이 좋아졌다고 한다. 개호하는 사람 역시 지원을 필요로 하는 사람이라는 인식을 가지고 지역 전체가 나서서 관심을 기울여야 한다. 가족을 돌보는 당사자 역시 곤란한 점이 있으면 도움을 청해야겠다는 마음가짐을 갖는 것이 중요하다.

_도고 노리코(藤後野里子)·가나자와 다쿠미(金澤 匠)

"매달 받는 연금 9만 엔에서 4만 5000엔 하는 아파트 월세와 수도세, 전기세를 내면 한 끼 식사에 쓸 수 있는 돈이 200~300엔 정도입니다. 3개월 전에 전립선암이라는 사실을 알았지만 치료비가 없습니다. 애당초 입원을 하려면 보증인이 있어야 되는데 가까운 친척이 없어 불가능하죠."(74세 남성)

"하루 한 끼, 가끔은 따뜻한 욕조에 몸을 담그고 싶습니다." (60대 여성)

《선데이마이니치》에서 〈노후 빈곤〉에 관한 연재를 시작한 후부터 이런 내용의 편지나 전화가 많이 몰려왔다.《선데이마이니치》독자 중에는 60대 이상의 고령자가 많은데, 특집 기사를 다룰 때는 의료, 연금, 개호 같은 사회보장과 관계되는 내용에 다양한 반응이 있었지만, 노후 빈곤 시리즈를 다룰 때는 "내일은 내 차례가 될 것이다"라는 반응을 보이는 분들이 특히 많았다.

취재에 응해준 고령자들 중 기간이 임박해 떨이로 파는 채소나 통조림을 먹고 살거나 절약하기 위해 전기를 끄고 아주 비좁고 깜깜한 가운데 지내는 등 극도의 긴축 생활을 하는 사람이 많았다.

취재를 하면서 몇 번이나 들은 '희망이 없다', '빨리 죽었으면 좋겠다'는 말이 가슴을 찔렀다. 이들은 모두 '1억 국민이 모두 중산층'인 시대를 살며 늘어나는 수입으로 아이들을 가르치고, 노후에는 연금을 받으며 편안하게 살 수 있을 것이라 믿었던 사람들이다. 아무 일도 일어나지 않는다면 적은 연금을 가지고도 어떻게든 하루하루 생활을 이어 나갈 수 있겠지만, 갑작스럽게 의료비를 지출하거나 사고를 당하는 등 돌발적인 일들이 일어나면 단숨에 생활이 파산하게 된다. 그리고는 한결같이 "설마 내가 이렇게 될 줄은 몰랐다"고 말한다.

나이가 들어 경제적으로 곤궁한 것은 모두 자기 책임이라고 말하는 극단적인 의견도 적지 않았다. 은퇴 전 나름대로 저축을 해두었지만 인생에는 늘 위험요소가 도사리기 마련이다. 실업, 이혼, 병 그리고 최근에는 자녀의 실업까지. 그런 것들은 누구에게나 일어날 수 있는 일이고, 때문에 인생의 나락으로 빠져드는 사람들이 늘고 있는 것이다. 이런 일들을 자기 책임이라고 할 수 있을까. 경기 침체나 시대에 동떨어진 연금제도, 사회보장비의 삭감 등이 낳고 있는 구조적 문제는 아닐까. 이번 취재를 통해 느끼게 됐다.

50세에서 100세로, 두 배나 늘어난 긴 인생 항로를 극복해 나가기에 기존의 사회 시스템은 무리가 있다. 개인의 일하는 방식이나 사회보장제도, 지역을 비롯한 모든 분야가 50년 모델에서 100년 모델로 전환할 필요가 있다.

예를 들면 국민연금의 경우, 40년간 돈을 부어도 한 해 받는 돈은 80만 엔에 못 미친다. 이것으로는 노후를 혼자 힘으로 살아갈 수가 없다. 국민건강 보험료도 너무 비싸다. 소득이 300만 엔인데 보험료가 50만 엔이나 되는 경우도 있었다. 돈을 내고 싶어도 못내는 사람이 속출하고 있다. 개호의 사회화를 표방하며 제도화된 개호보험 서비스는 재정난 때문에 점점 축소돼 가정을 옥죄고 있다.

현재의 고령자들을 막다른 길로 내몰고 있는 빈곤 격차 문제는 앞으로 점점 더 심각해지는 고령사회에 일본을 덮치는 큰 과제이다. 반드시 시정되어야만 할 것이다. 70대에 생활보호 수급자가 된 한 남성이 눈물을 글썽이며 들려준 솔직한 이야기가 지금도 귀에 남는다.

"노후가 이렇게 비참하고 괴로울 줄은 생각도 못했습니다. 솔직히 더 이상 살고 싶지 않아요. 하지만 앞으로 노후를 맞는 젊은이들은 더 혹독하고 힘들 겁니다. 그러니 힘든 것은 힘들다고 적극적으로 이야기하면서 사세요."

모든 것이 점점 더 좋아지기만 했던 고도 경제 성장기의 꿈을 다시 한 번 재현하겠다며 좇고 있는 정책은 바로 중지해야 한다. 독신자가 급증하는 현상이나 저성장을 정면으로 받아들이고, 모든 사람의 생존권을 지킬 수 있는 사회를 만들어야 한다.

우리의 의식과 행동도 바꿀 필요가 있다. 집안의 일은 가족끼리 해결해야 한다고 생각하지 말고, 지역 사회가 함께 도우며 해결방안을 찾아야 한다. 무연사회(無緣社會)를 걱정하던 시절에서 더 나아가 고독사와 맞서고 치매를 감시하려는 체제가, 조금씩이긴 하지만 계속해서 생겨나고 있다.

참을성이 강한 것이 일본인의 미덕이라고 여기고 있지만, 도움을 요청하며 다른 사람에게 의지할 줄 아는 고령자가 되는 것도, 100세 시대에 필요한 기술이다. 많은 고령자에게 들은 이야기이다.

그들이 끌어안은 고민을 '우리의 문제', '내일의 내 모습'으로 인식하고 어떻게 대처할 수 있을지 방향을 찾기 위해 취재반은 함께 이야기를 나눴다.

노후 빈곤을 벗어나기 위해 개인이 할 수 있는 일은 돈을 모으거나 건강을 유지하거나, 인간관계를 구축하는 것이지만 그 이상으로 사회의 준비 즉, 어떠한 상황에 빠져도 지원해줄 수 있는 사회안전망, 사회보장을 서둘러 정비해야만 할 것이다.

_도고 노리코(藤後野里子)·가나자와 다쿠미(金澤 匠)

'노후 빈곤'이라는 말 자체가 주는 이미지는 자신이 처한 연령대와 사회적, 경제적 위상에 따라 다를 수 있을 것이다. 한창 젊은 나이에 왕성한 활동을 하고 있을 때는 별로 생각해보지 않았을 테지만 40대 말, 50대 초반만 되어도 벌써 은퇴 이후의 삶에 대해 막연하게나마 떠올려보게 된다. 그럴 수밖에 없는 요즘의 현실에 비추어보면 노후 빈곤의 문제는 마음이 무거워지는 주제이지만 반드시 논의와 대책이 필요한 과제라고 할 것이다.

대부분의 사람들은 가난한 노년의 삶을 자신과는 동떨어져 있는 것이라고 생각한다. 하지만 앞서 일본의 사례를 보아 알 수 있듯 이는 결코 남의 일이 아니다. 단언컨대, 이 암울한 실태는 곧 닥쳐올 불안한 우리의 미래이자 자화상이다.

‘인생칠십고래희(人生七十古來希)’라는 말이 있던 예전과 달리 기대수명이 크게 늘어 100세 시대라는 말이 보편화된 요즘은 기본적으로 은퇴한 뒤에도 그 동안 직장 생활을 한 시간만큼이나 더 살아야 한다. 설마 싶겠지만, 지금의 우리는 별다른 병이나 사고가 없는 한 정말 100세까지 살 수밖에 없는 상황에 처해 있다. 그렇다면 문제는 그 긴 시간 동안 어떻게 사느냐 하는 것이다. 여기서 ‘어떻게’라는 말은 다양하게 생각할 수 있다. 수단이 될 수도, 과정이 될 수도 있다. 무엇을 하며 살지, 혹은 무엇을 삶의 우선순위로 두고 살지 말이다.

이 책은 젊은 시절 자신의 힘과 능력으로 경제적 활동을 하면서 누렸던 삶의 질과 은퇴 이후의 삶의 질이 어떻게 달라졌는지 다양한 사례의 취재를 통해 보여주며 지금의 우리에게 어떤 과제가 놓여있는지 깨닫게 한다. 대부분의 사례는 개인적으로, 국가적으로 지금의 100세 시대를 예상하지 못한 채 초고령사회를 맞아 예상과 현실 사이에 큰 간극이 생겼음을 보여준다. 우리보다 일찍이 고령화사회를 맞아 다양한 제도를 마련한 일본의 고령자들조차 “차라리 하루라도 더 일찍 죽는 것이 낫다”라는 말을 하는 그들의 곤궁하고 비참한 생활은 한국의 현실에 주는 메시지가 크다.

현재 한국은 고령화사회에서 전후(戰後) 베이비붐 세대들이 쏟아져 나오며 초고령화사회 진입을 눈앞에 두고 각종 문제들이 봇물처럼 터져나올 찰라에 놓여 있다. 때문에 우리도 일본과 같은 비참한 노후를 막기 위해 무엇을 어떻게 준비해야 할 것인지 논의가 시급하다. 그 심각성을 모두 외면하고 있지만, 한국의 노후 빈곤 문제는 결코 지나칠 수 없는 상황이다. 한국은 현재 OECD 국가 중 노후빈곤율이 49.6%로 1위, 그 증가 속도 또한 1위로, 이 문제에 대한 논의를 차일피일 미루다가는 문제는 걷잡을 수 없는 지경에 이를 것이다. 이런 우려가 기우가 아닌 것이 현재 노인자살률이 1위, 75세 이상 노인고용률이 1위로, 이는 노년에도 일하고자 하는 의욕이 있는 것이 아닌 죽지 못해 일한다고 해석할 수 있는 현실이기 때문이다.

덜컥 겁이 나면서도 아직 우리 자신이 노후를 맞이하려면 10년 혹은 그 이상 남았다는 이유로 피부에 와닿지 않는 것이 사실이다. 그러나 중요한 것은, 한국은 노인문제가 상당히 진전되어 이미 심각한 수준에 이르렀으며, 지금 대책을 마련해도 늦으면 늦었지 결코 이른 상황이 아니라는 것이다.

그럼에도 불구하고, 늦었다고 생각할 때가 가장 빠르다는 말도 있지 않은가. 지금부터라도 개인적인 준비는 물론 사회구조적 대비가 잘 되어 있는지 꼼꼼히 살펴 대책 마련에 전 국민적 의식 공유가 필요할 것이다. 이 책의 사례를 곰곰이 살펴보면 우리가 준비할 수 있는 해답이 있을 것이다.

노인이 되어 노후를 준비할 수는 없다. 노후 준비는 한창 일하고 있는 지금이 바로 최적의 때이다. 회피하고 싶지만, 당신도 노인이 될 것이다. 당신의 노후는 지금의 노년층보다 훨씬 가혹해질 것이다. 그러니 우리는 생각해야 한다. 은퇴 후 노후를 어떻게 살아갈지.

_한상덕

KI신서 6731

# 탈, 노후빈곤

**1판 1쇄 인쇄** 2016년 10월 12일
**1판 1쇄 발행** 2016년 10월 19일

**지은이** 선데이마이니치 취재반 **옮긴이** 한상덕
**펴낸이** 김영곤 **펴낸곳** (주)북이십일 21세기북스
**해외사업본부** 간자와 다카히로 황인화 이태화
**디자인** 박선향
**출판영업팀** 이경희 이은혜 권오권
**출판마케팅팀** 김홍선 최성환 조윤정
**제작팀장** 이영민 **홍보팀장** 이혜연
**해외기획팀** 박진희 임세은 채윤지

**출판등록** 2000년 5월 6일 제406-2003-061호
**주소** (10881) 경기도 파주시 회동길 201(문발동)
**대표전화** 031-955-2100 **팩스** 031-955-2151 **이메일** book21@book21.co.kr

**ISBN** 978-89-509-6731-4 03300
책값은 뒤표지에 있습니다.

**(주)북이십일** 경계를 허무는 콘텐츠 리더

21세기북스 채널에서 도서 정보와 다양한 영상자료, 이벤트를 만나세요!
가수 요조, 김관 기자가 진행하는 팟캐스트 '[북팟21] 이게 뭐라고'
페이스북 facebook.com/21cbooks 블로그 b.book21.com
인스타그램 instagram.com/21cbooks 홈페이지 www.book21.com